中国信贷资产登记流转市场发展研究

中国信贷资产流转市场发展研究课题组　著

中国金融出版社

责任编辑：王雪珂
责任校对：张志文
责任印制：张也男

图书在版编目（CIP）数据

中国信贷资产登记流转市场发展研究/中国信贷资产流转市场发展研
究课题组著．—北京：中国金融出版社，2019.9
ISBN 978 - 7 - 5220 - 0039 - 8

Ⅰ. ①中⋯ Ⅱ. ①中⋯ Ⅲ. ①信贷资产—资产流动—市场建设—研
究—中国 Ⅳ. ①F832.4

中国版本图书馆 CIP 数据核字（2019）第 056699 号

中国信贷资产登记流转市场发展研究
Zhongguo Xindai Zichan Dengji Liuzhuan Shichang Fazhan Yanjiu

出版 **中国金融出版社**
发行
社址 北京市丰台区益泽路 2 号
市场开发部 （010）63266347，63805472，63439533（传真）
网 上 书 店 http://www.chinafph.com
（010）63286832，63365686（传真）
读者服务部 （010）66070833，62568380
邮编 100071
经销 新华书店
印刷 保利达印务有限公司
尺寸 169 毫米×239 毫米
印张 13.75
字数 135 千
版次 2019 年 9 月第 1 版
印次 2019 年 9 月第 1 次印刷
定价 48.00 元
ISBN 978 - 7 - 5220 - 0039 - 8
如出现印装错误本社负责调换 联系电话（010）63263947

中国信贷资产流转市场发展研究
课题组

组　　　长：水汝庆

副 组 长：吴方伟　Shane Akeroyd　成家军　关彦芳

学术顾问：吕世蕴　鲁素英

成　　　员：（按姓氏笔画排序）

John Olesky　　　Nyeong Lee　　　Colin Brunton

王　祎（银登中心）　王　洋（国研中心）

龙　艺（南京银行）　孙　宏（江苏银行）

刘　彦（银登中心）　李　婧（银登中心）

杨　军（农业银行）　宋瑞波（浦发银行）

邵一洲（平安银行）　周　刚（建设银行）

顾卫平（兴业银行）　高蔚然（民生银行）

黄晨武（银登中心）

参与研究人员：

邹基伟　徐　晗　金友祥　唐小菁　刘一楠

作者简介

本书在"中国信贷资产流转市场发展研究"课题研究成果的基础上修改完成,该课题荣获"中国银行业发展研究优秀成果评选(2019)"一等奖。课题由银行业信贷资产登记流转中心担任牵头单位,IHS Markit公司担任副牵头单位。

银登中心经财政部同意、银监会批准,于2014年6月10日在国家工商行政管理总局注册成立,业务上接受银保监会监管,致力于银行业信贷资产登记流转业务的规范化发展。业务范围包括:信贷资产及银行业其他金融资产的登记、托管、流转、结算服务,代理本息兑付服务、交易管理和市场监测服务,金融信息服务和有关的咨询、技术服务等。如有需求,敬请联系。银登中心的地址为:北京市西城区月坛南街1号院5号楼15层,电话为010 – 83366288/88174819,传真为010 – 88087977,邮箱为yindeng @ china-bond. com. cn,官网为www. yindeng. com. cn。

1

前　言

　　习近平总书记高度重视金融业的稳定发展，指出经济是肌体，金融是血脉，两者共生共荣。近年来，我国经济金融领域的发展取得了丰硕成果，经济金融整体形势也发生了显著变化。在党的十九大上，习近平总书记作出了"中国特色社会主义进入了新时代"的重大判断，并指出"我国社会主要矛盾已经转化为人民日益增长的美好生活需要和不平衡不充分的发展之间的矛盾"。具体到金融领域，我们认为，这一重大变化主要体现在两个方面。

　　一是我国经济发展进入"新时代"，已由高速增长阶段转向高质量发展阶段，迫切需要通过供给侧结构性改革提升经济发展的质量和效率，这对金融服务支持实体经济提出了重大挑战。

　　二是我国金融改革步入"深水区"，在防范化解金融领域风险的同时，金融监管改革、利率市场化、金融对外开放、间接融资向直接融资的转型等还需要全力推进。

　　与此同时，我国金融领域在发展过程中也一直存在"不平衡、不充分"的老问题，其中最为突出的表现有两个方面。

　　一是实体经济"融资难，融资贵"的问题。虽然"融资难，融资贵"不是中国独有的问题，但该问题在我国实体企业的经营中表现得尤为突出，特别是中小企业、民营企业难以获得银行信贷支持，而通过非银行渠道进行融资的成本则较高，在经济下行阶段给企业经营带来了非常大的压力。

二是"影子银行"不规范经营的问题。在企业难以通过传统渠道获取资金支持的背景下，"影子银行"应运而生，特别是2010年以后，随着银行表内业务监管的加强，银信合作等业务迅速做大。银行、信托、证券、基金子公司等金融业态相互交叉、渗透，部分业务结构相对复杂、中间通道多，增加了企业的融资成本，风险管理也较为困难。

应当说，过去数十年我国金融业在推动实体经济的快速发展方面发挥了重要作用，但上述种种新变化与老问题的交叠，凸显出现有金融体系对新时代经济社会发展的需要存在不适应，新时代对我国金融业提出了一系列亟待解决的新课题。

我国金融体系以间接融资为主，银行业是实体经济获取融资的主要渠道。根据人民银行统计，截至2018年底，我国银行贷款资产的总规模达到136.9万亿元，占全社会融资规模存量的68%。可以预见，在未来一段时间内，银行业在金融市场中的主导地位仍将持续。无论是要满足新时代经济发展对金融领域服务的新要求，还是要解决当前金融体系中存在的老问题，都需要深刻理解并充分发挥银行业在其中的主导作用。

进入21世纪以来，中国的银行业改革在完善治理结构、健全监管机制、推进市场化运作等方面都取得了可喜的进展，为维护国家金融稳定、支持实体经济发展作出了重要贡献。近年来，对于各界关心的实体经济"融资难，融资贵"以及"影子银行"快速扩张的问题，有关部门也在对银行业的监管中采取了一系列应对措施。

一方面"加责任"，即通过强制性的考核措施，要求银行增加对小微企业、民营企业、"三农"、扶贫、绿色环保等领域的信贷投放，并先后提出"三个不低于""两增两控"等相应的监管要求。

另一方面"堵邪路"，自 2008 年以来，原银监会发布了多份文件对银行同业、理财、信托等方面的业务进行规范，2017 年以来更是出台了"三三四十"政策，以约束银行通过"影子银行"规避监管、隐匿风险的行为，整治市场乱象。

在上述应对措施的作用下，特别是随着 2017 年以来银行业监管的进一步强化和完善，各项相关政策已经取得了积极的成果。但是，从现实来看，银行业在服务实体经济、支持供给侧结构性改革方面仍存在不适应的情况，其中的原因何在？

从 21 世纪初开始，巴塞尔协议开始在全球范围内被广泛接受和推行。巴塞尔协议以最低资本要求、监管的监督检查和市场约束为三大支柱，主要通过资本充足率指标要求，防止银行资产负债规模盲目扩张，进而达到控制银行体系风险的目的。应该说，巴塞尔协议及其修订更新体现了国际上对银行业监管的最新共识，其监管思路是正确而科学的。然而，要实施好资本充足率监管的要求，相应的配套举措必不可少。

巴塞尔协议下美国的配套措施安排及商业银行的转型经验值得我们借鉴。美国的银行业和监管层把巴塞尔协议看作是通过资本约束推动银行转变经营模式的动员令。一方面，考虑到巴塞尔协议对银行业和整个经济的潜在冲击，同时由于中小银行的反对，美国监管当局曾推迟巴塞尔协议在美国银行业的统一实施进程。另一方面，美国银行业较为深刻地理解了巴塞尔协议不鼓励银行持有大量资产，从而在银行体系集聚过多风险的意图，以巴塞尔协议的实施为契机，鼓励银行从持有贷款、获取利差向经营贷款、赚取中间收入转型，发挥银行寻找项目、管控风险的优势，使其成为贷款的组织者和交易做市商，并吸引各类非银行机构参与贷款投资。在此过程中，美国信贷资产流转市场获得快速发展，成为美国银行体系贯彻巴塞尔协议的重要配套手段。欧洲的情况也大体如此。

根据我国银行业经营的具体实践，并结合巴塞尔协议的监管精神，我国银行业监管部门建立了更为全面、有机统一的审慎监管制度安排，在银行监管指标方面提出了较国际标准更为审慎的要求，促进了银行体系的规范运行。但我国在推行银行业监管改革举措的过程中，更多地是从如何与国际监管接轨、管控银行业自身风险的角度进行考虑的，而对于其对实体经济的融资产生的影响及相应的配套化解对冲措施仍有待进一步完善。

之前银行在资本充足率管理以及合意贷款规模管控机制下，为了满足实体经济的融资需求和自身发展需要，开始自发地探索"表外"替代渠道，积极通过同业投资、表外理财等渠道开展业务，"影子银行"由此进入了快速发展时期（需要说明的是，同业投资、表外理财等业务的发展有其合理性，只是在银行业务探索的过程中有部分异化成了银行传统贷款业务规避监管的通道，背离了同业、理财业务的本质）。同时，银行也自发地通过信贷资产流转来应对冲击，化解"表内"压力，但由于当时缺乏足够的监管手段、机制安排及相关金融基础设施，流转业务中出现了一些不合规、不透明的做法。2010年前后，针对不规范的"影子银行"和贷款转让的治理措施陆续出台，但仍有部分银行以不透明的私下交易方式开展相关业务。

借鉴国际经验并结合自身发展，2013年国务院提出"用好增量，盘活存量，支持实体经济转型升级"的要求，银行业监管当局于当年7月指导启动了信贷资产流转业务试点，随后又批准成立银行业信贷资产登记流转中心，建立了信贷资产流转业务集中登记机制，规范了信贷资产收益权转让业务，持续推进流转市场的建设与完善。2015年4月，李克强总理在银行机构考察时指出，"金融机构要以改革的方式，着力解决融资难、融资贵问题……通过信贷资产证券化、贷款流转等方式盘活存量资金……引导更多资金投入实体经济，使金融与实体经济共享发展红利"，充分肯定了信贷资产流转业务在"盘活货币信贷存量"中的重要作用。

发展信贷资产流转是一个战略性安排，也属于银行业发展及银行业监管的"补短板"举措，有助于提升金融服务实体经济的质效，同时也为中国银行业提供了一次深刻的转型变革机遇。发展信贷资产流转市场对于我国新时代经济及金融体系，至少将产生以下几个方面的积极影响。

——助力实体经济供给侧结构性改革，调节杠杆结构，平滑去杠杆进程；

——兼顾货币政策稳健中性和实体经济健康发展的目标；

——缓解实体经济特别是小微企业、"三农"等薄弱环节的

"融资难，融资贵"问题；

——加速直接融资发展，促进融资模式转型和银行经营模式转型；

——推动银行业务回归本源，缓解银行资本充足率压力；

——顺应利率市场化改革进程，推动贷款利率与市场化利率并轨；

——提高银行风险管控能力，化解不良资产风险。

我们在调研的过程中，对国内部分大型银行、股份制银行和城商行机构进行了深入的访问和交流。各机构都对信贷资产流转的意义表示高度认可，并一致认为，要进一步推动信贷资产流转市场的发展，需要在顶层设计框架下制定恰当的管理政策。我们希望本书在此方面能够提供一些可行的思路。

本书在"中国信贷资产流转市场发展研究"课题研究成果的基础上修改完成。课题由银行业信贷资产登记流转中心担任牵头单位，国际信贷资产流转市场的金融基础设施服务机构 IHS Markit 公司担任副牵头单位，并汇集了来自国内多家银行机构的业内专家共同参与研究。在课题研究过程中，我们也得到了中国银保监会有关部门、国务院发展研究中心金融研究所的指导与支持。当然，由于时间及水平有限，本书难免存在一些不全面、不准确的地方，请大家批评指正。

目　录

第一章 发展我国信贷资产
流转市场的重要意义

　　近年来我国宏观经济保持健康发展态势，经济增长韧性增强，金融供给侧结构性改革不断深化。当前经济形势下，推进信贷资产流转的发展具有重要意义，将提升金融业服务实体经济的质效、助力金融供给侧结构性改革、促进银行业转型升级。

　　2015年6月，银监会发布《中国银监会办公厅关于银行业信贷资产流转集中登记的通知》（银监办发〔2015〕108号），将"信贷资产流转"定义为"（银行业金融机构）将所持有的信贷资产及对应的受益权进行转让"的行为。2016年，银监会又发布了《中国银监会办公厅关于规范银行业金融机构信贷资产收益权转让业务的通知》（银监办发〔2016〕82号），对"信贷资产收益权转让"业务进行规范。基于以上监管规定，信贷资产流转是指市场机构将其持有的信贷资产或其对应的受（收）益权等进行转让的行为。其中，被转让的基础资产是信贷资产，包括银行等金融机构的自营贷款、信托贷款等；转让的形式既可是贷款债权的直接转让，也可以是在贷款的基础上形成的收益权或信托受益权的转让；信贷资产流转的出让方既可以是发放该贷款的金融机构（信贷资产的首次流转），也可以是已购入相关贷款或其受（收）益权的其他银行或非银行机构投资者（信贷资产的多次流转）。

而信贷资产流转市场，就是指银行及非银行机构投资者开展信贷资产流转业务的金融子市场。为什么中国需要发展信贷资产流转市场？我们认为，这与新时代下我国实体经济发展、金融体系变革及银行转型升级的进程中面临的几个重要问题有关。

一、信贷资产流转服务实体经济发展

（一）信贷资产流转有助于调节杠杆结构，支持供给侧结构性改革

以债务占 GDP 的比重衡量，2010 年后我国宏观杠杆率迅速攀升，由 2010 年底的 177.8% 上升至 2015 年底的 231.4%，平均每年上涨 10.7 个百分点。2015 年后，在供给侧结构性改革与"去杠杆""去产能"的推动下，杠杆率增速显著放缓，由 2015 年底的 231.4% 小幅增长至 2017 年底的 241.5%，年均上涨 5 个百分点。2018 年 7 月，《人民日报》称"持续了三年之久的去杠杆攻坚战宣告进入新阶段"，经济"迈入到稳杠杆阶段"。在宏观杠杆率增速趋于稳定的同时，如何优化调节杠杆结构、支持供给侧结构性改革、助力经济转型升级，是我国当下面临的重要任务之一。

目前我国实体经济杠杆结构不合理的问题较为突出，主要体现在两个方面：一是从行业上看，我国企业杠杆结构分布不均，杠杆率较高的主要是传统行业，而一些新兴产业领域的杠杆水平并不高。目前我国第三产业占比已超过第二产业，对 GDP 增长的贡献率超过了 50%（见图 1－1）。但国家统计局数据显示，高杠杆仍主要集中于采矿、电

力、热力等重工业部门（见图1-2）。二是从所有制上看，高杠杆问题主要集中在国有企业。在2017年底规模以上工业企业中，国有企业资产负债率均值为60.4%，显著高于民营企业51.6%的平均水平。

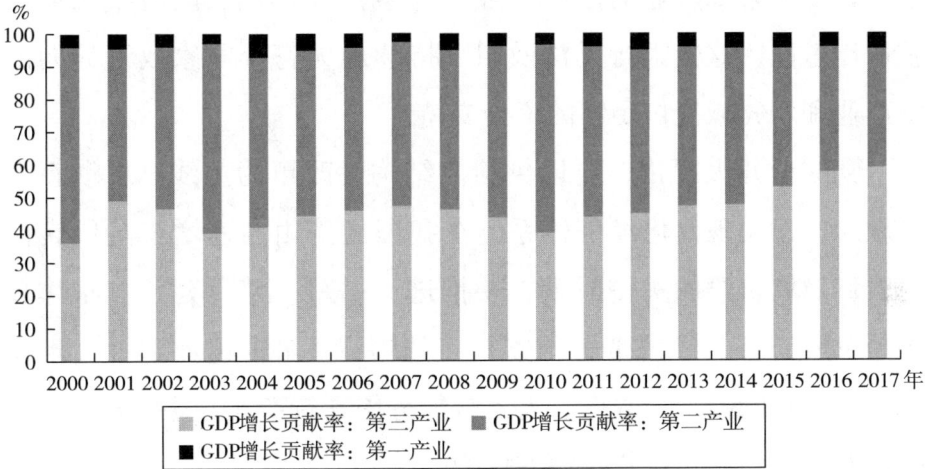

图1-1　我国第三产业对经济的贡献率不断上升

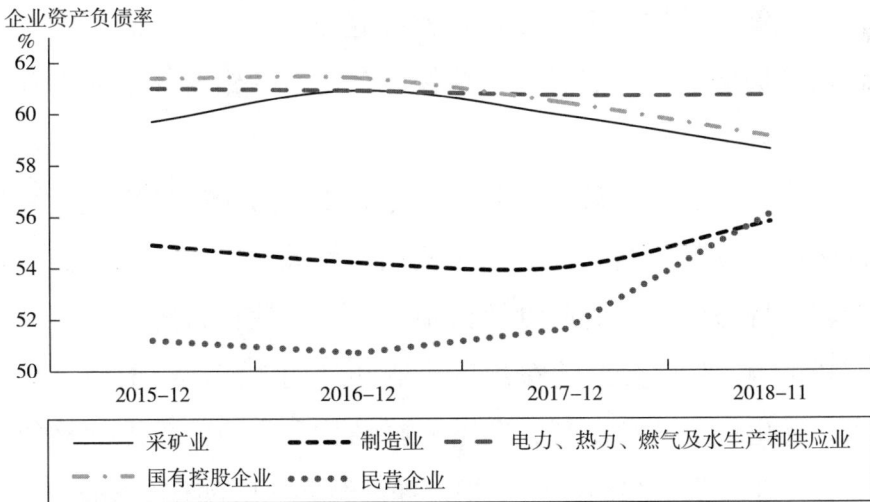

资料来源：国家统计局。

图1-2　目前我国杠杆结构不合理

3

银行贷款是实体经济最主要的杠杆来源，杠杆的结构性问题反映出银行信贷资产结构不合理，且调整速度滞后于经济结构的调整。从银行已发放的贷款存量来看，部分贷款集中在地方融资平台，以及第二产业的落后行业和过剩产能部门，同时中长期贷款占比过高，这使银行无法及时、持续地为符合国家政策导向的新产业和新领域提供足够的资金支持。

党的十九大提出，要以供给侧结构性改革为主线，贯彻新发展理念，建设现代化经济体系。在我国经济由高速增长阶段转向高质量发展阶段的关键时期，要推进"一带一路"建设、京津冀协同发展、长江经济带等国家重点战略，发展先进制造业、现代服务业、互联网、大数据、人工智能等中高端产业，这都离不开金融资源尤其是银行信贷资源的大力支持。

因此，在稳杠杆经济阶段，杠杆结构调整的关键在于优化银行的信贷资产结构，提升信贷资源配置效率。同时，银行难以仅通过增量贷款来调整信贷资产结构，因此盘活银行体系内的存量资产至关重要。

信贷资产流转是盘活存量资产、调整信贷结构的有效手段，有助于调节杠杆结构，促进供给侧结构性改革。一方面，信贷资产流转可将部分存量资产盘活出银行体系，使银行得以及时调整其信贷结构，将部分沉淀在落后行业和过剩产能部门的资金释放出来，优化信贷资源配置，调整杠杆结构，为国家重点战略领域和新兴产业提供更多的资金支持，提高金融服务实体经济的质效，助力实体经济供给侧的存量重组、增量优化与动能转换。另一方面，银行也可将其向国家重点战略领域和新兴产业发放的贷款转让出去，吸引社会资本及其他银行机构的共同参与，在调节杠杆结构的同时促进杠杆的合理分散，深化金融对供给侧结构性改革的支持力度。例如，国内大量社会资本及中小银行均希望积极参与"一带一路"建设等国家重点支持领域，但相关项目多由大型银行牵头负责，通过信贷资产流转有望推动社会资本及中小银行参与其中，在服务支持国家战略的同时，使各方在新时代经济发展转型的进程中共担风险，共享红利。

（二）信贷资产流转有助于兼顾货币政策稳健中性和实体经济健康发展的目标

信贷资产流转业务有利于解决货币政策的两难选择，在稳杠杆、稳 M2、维持货币政策稳健中性的同时，实现对实体经济的"精准滴灌"，保证经济的平稳增长。具体而言，如果信贷资产流转发生在不同的银行机构之间，即一家银行将贷款转让给另一家银行，在金融管理部门的贷款额度管控约束下，银行业的整体贷款规模不会发生变化，对 M2 等货币供应指标没有实质影响，而各银行则可通过该方式进行贷款额度的调剂，使银行体系更为高效地配置有限的贷款额度，同时降低单家银行的风险集中度指标，增强银行体系的稳定性。

如果银行通过信贷资产流转将已经形成的存量贷款转让给非银行机构投资者，吸引社会资本的参与，则可使银行释放信贷空间，为实体经济提供更多的融资支持。在此过程中，由银行体系持有的贷款余额规模没有发生变化，其结果是在不扩大 M2 的情况下，使社会融资规模有一定幅度的增加，实现对社会资本的吸引和利用。

因此，在宏观审慎框架下，为实现货币政策调控的整体目标，应当允许银行业有序开展信贷资产流转业务，并对转出银行体系的信贷资产规模进行合理引导，进而在促进实体经济增长和控制货币供应量的宏观调控目标之间取得平衡，这在当前社会融资规模增速放缓的形势下尤其具有积极意义。

反之，如果存量信贷的盘活渠道不畅，在实体经济的融资需求不断增长的情况下，就会倒逼货币供应量增加。在中国这样一个高度依赖银行的金融体系下，让巨量的银行信贷一直沿着"钱到地头死"的路往下走，不利于宏观调控的实施与改善。

（三）信贷资产流转有助于破解民营企业、小微企业等经济社会薄弱环节的"融资难、融资贵"问题

总体来看，我国实体经济"融资难，融资贵"是一个老问题，其背景有以下几个方面。一是在以间接融资为主的体系下，企业融资高度依赖银行贷款；二是我国经济增长长期呈高速或中高速态势，贷款的需求增长较快，供求矛盾长期存在；三是名义利率持续较高，抬高了融资成本；四是证券市场不完善，银行补充资本金渠道不够顺畅。但近年来，我国实体经济尤其是民营企业、小微企业、"三农"领域等经济社会薄弱环节的"融资难，融资贵"问题较为突出，这实质上折射出的是我国银行业的深层问题。

"融资难"反映出银行贷款规模分配给民营企业、小微企业等经济社会薄弱环节的比例过低。其原因主要在于，银行受限于资本充足率、合意贷款规模及 MPA 等监管约束，信贷资源相对紧缺，而民营企业、小微企业、"三农"领域等市场话语权有限，因此获取贷款的难度更高。同时，部分银行对民营企业、小微企业存在一定的"惜贷""怕贷"情绪：一方面，对民营企业、小微企业发放贷款需要全面系统的风控措施，并非所有银行都具备

相应的数据处理和风险识别能力；另一方面，对于区域性中小银行而言，其服务对象主要为当地企业，地域、行业集中度较高，在外部不利因素的冲击下，很容易出现民营企业、小微企业贷款风险集中暴露，银行不良率陡升的情况。

"融资贵"反映的是在无法获得银行贷款的情况下，民营企业、小微企业表外融资的高成本。对企业来讲，不同的融资方式意味着需要承担不同的融资成本。由于表外融资的资金提供方对投资回报率要求更高，且部分表外融资需要借助信托公司、证券公司等通道，无形中拉长了融资链条，因此融资成本显著高于表内贷款。我们分别从宏观统计、抽样调查和个案分析三个角度对企业表外融资和表内融资成本进行了对比测算。测算结果表明，在同等条件下，银行通过表外业务为企业提供的融资利率一般比银行表内贷款高150～200个基点，其他非银行渠道提供的融资成本更高（详见《专题1：盘活银行贷款是降低融资成本的重要途径》）。但在"融资难"的背景下，民营企业、小微企业等只能求助于传统信贷之外的表外融资渠道，这又进一步加剧了民营企业、小微企业等面临的"融资贵"问题。

为解决小微企业的融资难题，相关部门也做了大量的探索和尝试，如推出中小企业集合债、集合票据等直接融资创新工具，但由于其发行较为依赖政府与银行信用，时间不确定性较大，发行成本及门槛限制都相对偏高，因此实践效果不够理想。总体来看，要解决民营企业、小微企业等领域的"融资难，融资贵"问题，还需主要依靠银行信贷。

而信贷资产流转的发展则可以从两个方面破解"融资难，融资贵"问题。一是增强银行为民营企业、小微企业、"三农"领域等提供低成本信贷资金的能力。银行通过信贷资产流转盘活表内信贷资源后，就有能力以低成本的表内信贷为民营企业、小微企业、"三农"领域等提供更多的资金支持，从而对表外融资形成替代效应，抑制表外融资的发展空间，有效降低融资成本。

二是推动各银行机构加强协作，通过专业化分工来提高银行服务民营企业、小微企业、"三农"领域等的效率。例如，在小微企业贷款发放方面，监管机构先后对银行业提出了"三个不低于""两增两控"等监管要求，但实际上不同的银行在小微金融领域的客户资源和业务能力差异较大。如果能够鼓励在此方面具备优势专长的银行（如网商银行、微众银行等互联网银行）更多地发放小微贷款，再转让给其他银行机构，有利于实现银行之间的差异化经营和优势互补，提高普惠金融发展的质量和效率。

二、信贷资产流转助力金融体系变革

金融供给侧结构性改革是当下金融工作的重要任务之一，是推动金融业高质量发展的内在要求，也是完善金融支持实体经济的必由之路。信贷资产流转市场的发展遵循了金融市场和信贷运行的规律，可在以下方面深化金融体系变革，助力金融供给侧结构性改革，提升金融服务实体经济的效率：

（一）信贷资产流转有助于促进中国融资模式转型，提高直接融资比重

党的十九大明确指出，要"增强金融服务实体经济能力，提高直接融资比重"。提高直接融资比重，优化实体经济融资结构，

是金融供给侧结构性改革的重要方面，也已经成为当前我国金融领域最重要的改革任务之一。

提高直接融资比重，必须与"服务实体经济"结合起来。习近平总书记多次强调，金融是实体经济的血脉，为实体经济服务是金融的天职，是金融的宗旨，也是防范金融风险的根本举措。因此，提高直接融资比重，也应当不忘金融"服务实体经济"的初心。

具体来说，提高直接融资比重要以解决当前经济金融体系中面临的实际问题为出发点，与以下几个目标结合起来。一是助力解决实体经济"融资难，融资贵"问题，为经济社会重点领域和薄弱环节提供金融支持；二是优化企业融资结构、降低企业杠杆率；三是分散银行业体系风险集中度，降低发生系统性、区域性金融风险的可能性；四是引导、规范"影子银行"的发展，为实体经济融资"开正路，堵邪路"。

在目前我国以间接融资为主的金融体系中，银行业在金融市场中占据主导地位，是当前实体经济获取融资的主渠道，以"股债"为代表的直接融资比重偏低，银行在为实体经济特别是小微企业和个人提供金融服务方面发挥着不可替代的重要作用。虽然人们在提到银行时，一般将其与间接融资联系起来，但发展直接融资不可能、也不应该抛开银行这一重要的金融主体。我们认为，通过信贷资产流转等方式，商业银行也能够更多地参与到直接融资中来，在推动融资体系转型过程中发挥重要作用。

提高直接融资比重主要有两种思路，一是"增量提升"模式，二是"存量转化"模式。目前，我们主要采用的是"增量提升"

模式，也就是通过债券融资与股权融资的发展，引导实体经济在新增融资时选择直接融资的方式，进而做大直接融资的增量比重；而所谓"存量转化"模式，则是指通过将存量融资中的间接融资转化为直接融资，进而做大直接融资的存量比重。由于我国目前仍是以间接融资为主的金融体系，如果能够在直接融资与间接融资之间建立起连接和转化的渠道，使部分间接融资存量得以转化为直接融资，将有助于进一步提高直接融资比重。

信贷资产流转能够有效推动间接融资的"存量转化"，进而提高直接融资比重。商业银行通过信贷资产流转业务转出本行发放的贷款，如果是在商业银行体系内流转，则有利于商业银行内部存量资产的结构优化；而转让给银行体系外的机构投资者后，贷款的债权债务关系发生了变化，商业银行将不再是债权人，同时也不再承担信用风险，而是根据协议转型为贷款管理人的角色。在这种情况下，就实现了从银行吸储放贷、承担风险的间接融资模式到银行牵头管理、社会资本承接信贷资产风险的新型融资模式的转变，也有人称为"半直接融资"[①] 模式。在这一模式下，由于转出的资产均是经过银行风控评审的、较为优质的信贷资产，在吸收社会资本投资的同时，也有利于输出银行的风控能力与管理能力，提升社会整体的风险管理与风险控制水平。

---

① 之所以将其称为"半直接融资"，主要有以下三方面的考量：

一是银行不再作为出资方，融资过程不再有信用中介机构的介入，理论上转为了直接融资的模式；

二是贷款须先由银行发放后，再转让给社会资本，因此银行在最初仍然承担了一定的信用风险，且部分情况下银行也会自留部分信贷资产，也就保留了一部分信用风险；

三是虽然信用风险转出，但银行在整个融资过程中仍然发挥了重要的组织和管理职能，在贷款转出后一般也会继续承担贷款管理人的角色并收取相关管理费用，与单纯的直接融资有一定区别。

因此，在我国存量贷款规模庞大、银行主导金融体系的情况下，信贷资产流转市场可作为间接融资与直接融资间的连接器，在提高我国直接融资比重的同时，更能够推动直接融资惠及金融弱势群体，使直接融资在服务支持经济社会薄弱环节方面发挥更加重要的作用。

（二）信贷资产流转有助于构建全方位、多层次金融支持服务体系

截至 2018 年底，我国贷款余额为 136.9 万亿元，信贷市场的体量几乎等于债券市场、股票市场与风险投资市场之和（2018 年底全市场债券托管余额为 84.75 万亿元、股票市值为 48.15 万亿元、私募股权市场可投资资本量为 2 万亿元）。均衡发展的金融市场不仅应包括一级市场，也应涵盖二级市场。目前我国债券市场、股票市场、风险投资市场均有发达规范的二级市场，但信贷市场盘活渠道却相对有限，在多层次金融市场的建设中相对滞后，导致贷款在银行表内长期沉淀，造成结构失衡。

信贷资产流转市场为商业银行提供了高效运转的银行存量资产盘活渠道，可帮助银行优化信贷结构，释放沉淀资金，为国家重点战略领域及新兴产业提供更多资金支持，提高金融服务实体经济的质效，构建全方位、多层次的金融支持服务体系。

（三）信贷资产流转有助于顺应利率市场化改革进程，实现利率并轨

利率是经济中最为重要的价格变量，利率市场化是我国金融体系变革发展的重要内容。我国利率市场化走过了近 30 年的历史进程，2013 年 7 月，全面放开金融机构贷款利率；2015 年 10 月存

款利率上限放开，标志着我国对主要利率的显性管制基本解除。但目前金融市场中存贷款利率仍受到窗口指导、行业竞争等因素的影响，市场化程度低于货币市场与债券市场，偏离基准利率的幅度相对有限。因此，金融市场中仍存在"利率双轨"，不利于市场化资金价格体系的形成，也影响着实体经济融资，主要体现在以下方面：

一是商业银行资金成本上升，推高企业融资成本。从银行资产负债表的结构来看，信托、基金、保险、互联网金融等大资管行业提供了远高于银行存款的收益水平，导致银行存款"搬家"，来自金融同业的竞争压力也进一步增大。这些因素导致商业银行资金来源结构出现重大变化，最为突出的是通过理财产品筹集的资金快速增长。而银行对外提供融资的利率水平与其资金成本密切相关，遵循"高来高去"的规律，在资金来源利率显著上涨的情况下，银行不得不转向利率更高的表外业务以获取利润，助推了企业的"融资贵"问题。

二是贷款利率的变动可能滞后于宏观经济形势与市场资金供求的动态变化，不利于信贷资源的优化配置。双轨制下贷款利率仍以基准利率为主要参考，在资金面相对宽松时，贷款利率向下浮动的弹性较低，企业难以获得较低成本的信贷支持；而资金面相对紧张时，可能出现利率倒挂，即债券利率高于贷款利率，这使得那些在金融市场中话语权较强的国有企业、大型企业纷纷以贷款融资代替债券融资，进而挤占了民营企业、小微企业的贷款融资空间，而后者又往往难以达到债券融资的高门槛要求。

三是"利率双轨"不利于货币政策传导机制的高效运转。从发达国家的市场经验看，利率型货币政策传导机制遵循"政策利率－债券市场利率－存贷款市场利率"的传导链条。而利率双轨下，债券市场利率对存贷款利率的传导效率相对有限。这使得存贷款利率价格信号存在扭曲，货币政策不得不依赖存款准备金等数量调控手段，不利于构建价格型货币政策调控框架。

信贷资产流转能够从以下方面促进利率市场化，推进利率"两轨并一轨"：

一是信贷资产流转为贷款提供了规范的二级交易市场，二级市场交易预期能够反哺一级市场，使定价机制更为合理。在信贷资产流转业务中，投资者以市场利率水平作为其投资定价的基准，有助于推动贷款二级市场形成公允透明的市场价格，进而传导至贷款一级市场（贷款发放环节），促进贷款利率逐步向市场化利率并轨。

二是信贷资产流转可以促进信贷资产的价值发现，丰富金融市场的产品供给种类，进一步打通存贷款市场与债券市场，完善价格型货币政策的传导机制，促进各金融市场利率的联动。

三、信贷资产流转推动银行转型升级

（一）信贷资产流转有助于推动银行业务回归本源，缓解银行资本充足率压力

随着近几年金融监管的不断强化，目前监管部门压缩同业链条、减少资金空转的努力已经取得了显著成效，大量表外融资业务开始向银行表内回流。但在巴塞尔协议约束下，银行资本充足率指标（银行资本与风险加权资产的比值）承压，亟待通过做大

"分子"（资本）或做小"分母"（资产）的方式进行应对。

我国银行业在面临资本充足率压力时，第一选择往往是增加"分子"，从监管政策动向来看，监管部门也在积极为银行提供增加资本的渠道，以应对表外业务的回流。而对于"分母"，目前在落实巴塞尔协议的过程中，更加侧重于"分母"的真实性、准确性，主要是防止各种虚假出表，而对"分母退出"的研究略显不足。目前我国银行业资产总规模已超过欧元区，达到了美国银行业的2倍，位列全球第一，银行业资产规模与GDP的比值超过300%，同时银行贷款规模也接近美国的1.5倍。在此背景下，在要求银行表外业务回流表内的同时，若不鼓励"分母退出"，只会导致银行业整体规模继续膨胀，也不利于我国直接融资比重的持续提升。

相比之下，通过信贷资产"存量盘活"来降低"分母"的动态管理资本充足率的方法，则是一条更具备可行性和可持续性的道路，也是国际普遍趋势。如果银行能够将表内存量信贷资产转移到银行体系之外，就能在不增加银行业资本的情况下引导表外业务回归表内，进一步推动银行回归本源，通过发放表内贷款的方式支持实体经济的发展。

（二）信贷资产流转有助于推动银行经营模式的转型升级

商业银行转型是我国金融业改革深化过程中的重要命题。近年来，在我国经济发展进入新时代的大背景下，国内外市场环境、政策环境都发生了较大的变化，商业银行的发展也面临着前所未有的挑战与压力。

一方面，随着国内经济金融体系转变，商业银行传统业务模式难以为继。在资产端，商业银行的优势正在逐步减弱：对公业务在我国商业银行业务中具有举足轻重的地位，但随着经济结构调整，对公业务创利能力开始减弱，信用风险压力逐渐加大；此外，随着我国多层次金融市场体系的逐步完善，优质企业客户更多通过直接融资的方式进行融资，商业银行对公信贷资源的竞争越发激烈，议价能力也持续下降。在负债端，目前大量银行存款被银行理财、货币基金、余额宝等新型金融理财工具分流，而理财子公司成立后，银行理财会推出没有门槛起点金额的理财产品，可能进一步冲击存款与银行现有的负债结构，影响了资金来源的稳定性；而分流出去的负债，又通过同业存款等方式回流至银行体系，变相抬升了商业银行的负债成本。在此情况下，由于存贷款息差的逐步缩小，商业银行存贷业务利润率快速下降，传统依赖规模扩张及存贷业务息差的模式难以为继，银行需要进一步提高资金使用效率，降低对传统信贷业务的依赖，将业务重心适度转向中间业务以增收。

另一方面，商业银行面临的金融监管政策环境趋严。2017 年起，央行实施更加严格的 MPA 管理制度，银监会密集出台"三三四十"等系列治理政策，再加上《关于规范金融机构资产管理业务的指导意见》（以下简称"资管新规"）等监管政策的发布，重点规范同业和表外业务发展，这些严格的监管要求对商业银行资产、负债管理都产生了明显影响，回归表内、回归本源成为当前的政策导向，商业银行需要相应地进行业务调整和转型。

在上述背景下，商业银行转型步伐不断加快。信贷资产流转作为商业银行盘活存量、开展资产负债管理的重要手段，是银行业推动经营模式转型升级的重要抓手。

一是丰富收入来源，增加商业银行中间业务收入。在利率市场化、多层次金融市场构建以及鼓励直接融资发展的背景下，以往单纯依靠高资本消耗的存贷业务已不能完全适应市场和客户需求变化的要求，而不良风险的逐步暴露也影响着银行资本和拨备的消耗。信贷资产流转业务能够增加银行中间业务收入，从信贷经营逐步转变为信用管理，银行可充分发挥其在信息收集处理、风险识别控制方面的优势，筛选出优质的融资项目，制造并形成资产后再提供给社会资本，从纯粹的资金提供方变为融资项目的识别者、管理者，从"靠钱挣钱"变为"靠脑挣钱"，从做大资产规模向提高资产转速、增加中间业务收入转型，进而逐步改变过度依赖规模扩张的经营模式，实现传统银行业务与投行业务、交易业务的并行发展。

二是提升商业银行资产负债管理和流动性管理能力。信贷资产流转还为银行业提供了资产负债管理的新工具，商业银行可以通过信贷资产流转高效地调整、优化资产结构，提升表内资产特别是中长期资产的转速，增加经营灵活性，丰富资产负债结构管理工具和风险管理工具。在我国金融业进一步对外开放的大背景下，信贷资产流转也有利于提高我国银行业机构在经营管理、风险管控等方面的国际竞争力，推动国内银行体系与国际市场接轨。

三是推进银行向零售业务转型。过去相当长的一段时间内，银行主要的优势集中在对公业务领域，但是随着经济结构调整、融资体系的变革以及消费结构变化，商业银行在资产端的优势正在逐步减弱。而零售业务发展空间广阔、业务比较稳定，且银行在定价等方面占据较多主动权，特别是近年来金融科技发展快速，为商业银行开拓零售业务提供了重要支撑。通过信贷资产流转业务，商业银行可以有效盘活存量资产，腾出资源支撑零售贷款投放，有利于进一步激励商业银行向零售业务转型。

（三）信贷资产流转有助于提高银行风险管控能力，化解不良资产风险

在供给侧结构性改革与经济结构调整持续深化的大背景下，部分企业运行困难增加、资金链趋紧，信用违约事件增多，商业银行信贷风险正在逐步暴露。虽然2018年以来不良贷款率增长势头有所遏制，但商业银行资产质量下行压力依然存在，不良贷款风险仍未见底。商业银行需要通过多元化方式分散、化解和处置相关信用风险，银行持有大量资产并承担信用风险的传统业务模式也亟须调整。

通过信贷资产流转，商业银行可以有效地调节信贷资源在行业、地区、产业等层面的分布，优化资源配置、降低贷款集中度风险。同时，商业银行也可以通过贷款流转方式，将积聚在银行业内的不良资产转移出去，将风险分散到能够识别、承担和处置这些风险的投资者手中。

作为商业银行处置不良资产的一种市场化手段，包括不良资产收益权转让业务在内的信贷资产流转业务具有信息公开透明、交易环节规范、全流程处于监管视野范围内等特点，有助于扩大不良资产的投资者群体范围，丰富银行的不良处置途径，化解不良资产风险。

盘活银行贷款是降低融资成本的重要途径

我国是一个以间接融资为主的金融体系，将目前沉淀在银行表内的信贷资产流转起来，除了可降低银行风险集中度，改善银行体系自身的资产负债结构，其最重要的宏观意义在于有效缓解银行资本压力，在不增加货币投放的情况下增强银行对实体经济的贷款能力，降低企业融资成本，并有效带动吸引社会资本投入，分散信用风险，我们应当对此有深刻的认识。本专题从银行表内外业务融资的成本分析入手，探讨了降低实体经济融资成本的路径，提出了完善监管政策，促进银行表内信贷流转的建议。

一、在间接融资为主的金融体系下，表内贷款成本低于表外业务融资是一个客观事实

我国是一个以间接融资为主的金融体系，银行在金融体系中占据重要地位，银行贷款是实体经济企业融资的主渠道。人民银行公布的社会融资规模存量数据显示，截至 2018 年底，实体企业通过银行贷款实现的融资规模为 136.9 万亿元，占社会融资规模总额的 68%；通过银行表外业务（包括委托贷款、信托贷款和未贴现的银行承兑汇票等）获取的融资规模合计为 24 万亿元，占社会融资总额的 12%，通过发行债券和股票等直接融资方式获取的融资规模合计为 27.1 万亿元，占社会融资总额的 13.5%。可见，虽然近年来直接融资和表外融资方式占比有所上升，但实体企业对银行表内信贷的依赖度仍然最高。

对企业来讲，不同的融资方式意味着需要承担不同的融资成本。由于表外融资需要嫁接信托公司、证券公司、保险公司等通道，无形中拉长了融资链条，因此融资成本最高。我们分别从宏观统计、抽样调查和个案分析三个角度对企业表外融资和表内融资成本进行了对比测算，测算结果表明企业通过表外融资通常要比银行表内贷款成本高100个基点以上。

（一）宏观统计

根据公开发布的数据测算，我们对3年期的表外融资和表内融资成本进行了对比，表外融资利率平均较银行表内贷款利率高100～180个基点（见图1-3）。

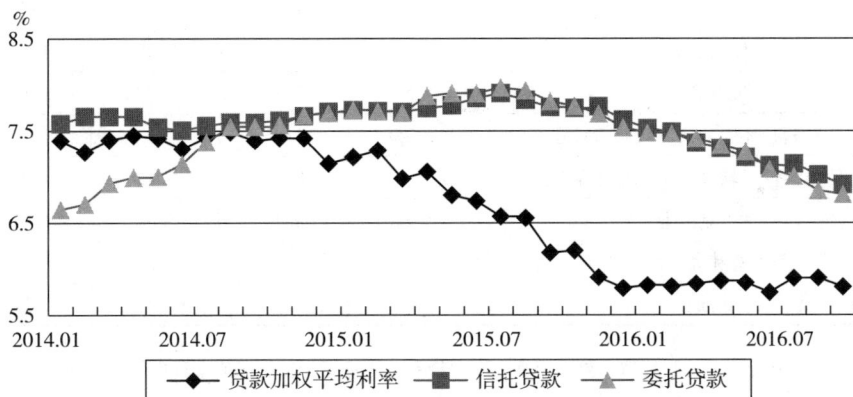

注：贷款加权平均利率，根据每年人民银行公布的货币政策执行报告中有关人民币贷款利率（3年期）数据进行加权平均所得；信托贷款利率和委托贷款利率根据全国银行业理财信息登记系统中理财产品投资的3年期信托贷款利率和3年期委托贷款利率整理而得。

资料来源：中国人民银行网站、全国银行业理财信息登记系统。

图1-3　表内融资和表外融资成本比较

（二）抽样调查

我们对银行业信贷资产登记流转中心（以下简称银登中心）

集中登记的信贷资产信息进行了抽样调查，抽样时间为 2016 年前三季度。总体而言，各行业表内外贷款成本具有明显差异，且随着贷款期限增长，两者差异也会增大。1 ~ 3 年期的表内贷款利率均值水平为 5.71%，表外贷款利率均值水平为 6.72%，两者相差102 个基点（见表 1 - 1）。

表 1 - 1 　　　　　　　　表内外贷款利率均值水平比较　　　　　　单位:%

所属行业	一年以内		一年至三年以内	
	表外	表内	表外	表内
电力、热力、燃气及水生产和供应业	5.43	5.00	—	—
建筑业	6.50	6.09	7.20	8.20
交通运输、仓储和邮政业	4.60	5.03	6.30	4.89
金融业	4.48	4.57	—	—
住宿和餐饮业	—	—	7.20	4.57
批发和零售业	5.53	5.24	7.02	5.10
水利、环境和公共设施管理业	6.25	5.43	—	—
信息传输、软件和信息技术服务业	—	—	5.82	4.99
制造业	5.71	5.47	5.32	4.71
租赁和商务服务业	—	—	6.00	5.88
房地产业	—	—	8.89	7.33

注：表外贷款 = 信托贷款 + 委托贷款，表内贷款 = 固定资产贷款 + 流动资金贷款。

资料来源：银登中心。

（三）个案分析

我们分别选取了一家大型国企和一家小型企业，对其融资结构及利率水平进行了剖析。

案例 1： 某大型国企是由某市人民政府国有资产监督管理委员会出资组建的国有独资公司。近几年，该公司在债务融资方式方面呈现多元化特征，其 2015 年公开数据显示，银行表内信贷、表外信贷以及债券市场发债融资的比例分别是 66%、27% 和 7%。而该公司表外融资成本非常高，显著高于表内信贷。该公司 3 年期表外贷款平均利率为 8.46%，较银行表内贷款平均利率高 176 个基点，5 年期表外贷款平均利率为 9.63%，较银行表内贷款平均利率高 288 个基点（见表 1-2）。

表 1-2　　　　　　　　某大型企业表内外融资成本比较

期限	平均利率			规模（亿元）		表内替代表外
	表内	表外	差值（基点）	表内	表外	可节约融资成本（万元）
3 年期	6.67%	8.46%	176	19.85	31.00	5 455.34
5 年期	6.75%	9.63%	288	4.00	65.50	18 862.85

注：表内替代表外可节约融资成本＝表外信贷规模×表内外信贷平均利率差值。

资料来源：中国债券信息网。

该公司表外信贷规模约 104 亿元，因此，在其他外部环境因素维持不变的条件下，若该公司融资渠道由表外信贷向银行信贷渠道转移，可节约贷款利息逾 2 亿元。

案例 2： 研究某融资渠道较为多样化的小型企业。根据其 2015 年公开数据，该公司通过银行表内信贷、表外业务以及债券市场发债融资的比例分别是 60%、25% 和 15%。在融资成本方面，2015 年底该公司通过委托贷款等方式完成了 6 笔表外信贷融资，平均利率为 7.56%。在银行贷款方面，由于目前中小企业通过银行信贷渠道融资的贷款利息一般以基准利率为基础上浮 30% 以上，据此测算，该公司从银行信贷渠道获得的融资成本为 6.18%，与表外信贷融资成本相差 138 个基点。该公司表外信贷规模约 11 亿元，因此，在其他外部环境因素维持不变的条件下，若该公司融资渠道由表外业务向银行信贷渠道转移，可节约贷款利息逾 1 500

万元。

综上所述，可以形成这样一个概念：目前银行表内信贷存量超过 100 万亿元，假定能够将其中的 10 万亿元进行盘活，并转移到银行体系之外，那么就能释放出 10 万亿元的表内信贷规模。按照表外融资和表内融资大约 100~200 个基点的成本差异进行测算，理论上讲，可为企业降低成本 1 000~2 000 亿元，企业受惠效果将会十分明显。

二、实体经济的"融资难，融资贵"问题是我国银行业深层次问题的一个表现

对我国这样的以间接融资为主的经济体而言，"融资难，融资贵"是实体经济的感受，但折射出的是我国银行业的深层问题："融资难"反映出银行贷款规模分配给中小企业的稀缺性；"融资贵"反映的是在无法获得银行贷款的情况下，企业表外融资的高成本。

总体来看，我国实体经济"融资难，融资贵"是一个老问题，其背景有以下几个方面。一是在间接融资为主的体系下，企业融资高度依赖银行贷款；二是中国经济增长长期呈高速或中高速态势，贷款的需求增长较快，供求矛盾长期存在；三是名义利率持续较高，抬高了融资成本；四是证券市场不完善，银行补充资本金渠道不够顺畅。而近年来我国银行业监管的收紧以及银行资产负债表结构的变化，也在一定程度上导致了"融资难，融资贵"问题的持续和加剧。

近年来，巴塞尔协议在国内的实施使银行在资本充足率和杠杆率等方面面临着更为严格的监管要求，进一步约束了银行发放表内贷款的能力与意愿。应当说，我国稳步推进巴塞尔协议相关监管要求的做法，保障了中国银行体系的稳定性与安全性，对监管理念的更新、监管抓手的建立、监管方式的改革起到了前所未有的引领和促进作用。不过，从对银行经营与实体经济融资的影响来看，巴塞尔协议的实施对中国的影响要超过欧盟、美国、日本等经济体，因为后者的金融体系以直接融资为主，证券市场较为发达完善，且长期以来实行低利率甚至负利率政策，企业融资相对容易，受巴塞尔协议的影响较小。即便如此，美国为了减缓巴塞尔协议对银行业和整个经济的冲击，同时考虑到中小银行的反对，还是推迟了巴塞尔协议Ⅲ的统一实施进程。

从银行资产负债表的结构来看，在数十年的经济市场化改革后，我国目前正处于金融市场发展、利率市场化改革的关键时期，形成了"利率双轨制"①的局面，来自金融同业的竞争压力也进一步增大，这些因素导致商业银行资金来源结构出现重大变化，最为突出的是通过理财产品筹集的资金快速增长。而银行对外提供融资的利率水平与其资金成本密切相关，遵循"高来高去"的规律，在资金来源利率显著上涨的情况下，银行不得不转向利率更高的表外业务以获取利润，导致企业"融资贵"；而银行信贷总量"盘不活，无出口"的情况持续，意味着信贷占用的资金是刚性的，银行的资金来源和以贷款为主的资产难以长期动态匹配，企业感到"融资难"。贷款资金的刚性占用对中央银行基础货币控制

---

① "利率双轨制"指银行表内与表外资金在成本上的双轨运行，银行表内资金成本以一年期定期存款利率为基准，成本相对较低；表外资金成本则是以理财资金收益率为参照，更为市场化，成本相对较高。

也极其不利，会倒逼货币供应量增加。

银行业与实体经济的辩证关系决定了银行业的稳定和安全最终不能离开实体经济的健康发展。在当前实体经济贷款难、表外融资贵的情形下，有必要以积极的、创新的方式来解决银行服务实体经济的能力受限的问题，并协助改善央行货币供应调控的效果。

三、加快信贷资产流转是破解"融资难，融资贵"难题的重要途径

如何继续巩固银行业监管的成果，同时又能使银行增强贷款能力呢？这需要有相应的政策配合，给银行以出路。从目前来看，在经济继续维持中高速增长、社会融资结构基本稳定的假设条件下，对这个难题可先走两条可行的破解之道。一是补充银行所需的资本。例如，对银行进行的增资扩股及附属资本债券的发行给予及时的支持，但这对绝大多数中小银行而言，操作起来并非易事。二是引导鼓励银行盘活表内信贷存量，释放贷款空间。如果信贷资产在银行之间流转，可以实现贷款结构在不同银行间的相互调整，解决部分银行的资金流动性问题；但从整个银行体系来看，信贷资产总量没有减少，达不到盘活的目的。只有将银行信贷资产流转到银行体系外，才能从宏观上增加整个银行体系的信贷支持能力，同时起到吸引社会资本投资的作用。这条路径具有很大的操作空间，并且已被国际经验证明，是配合银行业缓解资本约束及监管压力、降低实体经济融资成本的有效途径。

事实上，通过信贷资产流转吸引社会资本参与也有利于兼顾"支持实体经济"与"控制货币供应量"两方面的诉求。近几年，由于中国的经济增长逐渐放缓，如何促进经济增长成了中国需要探讨的课题——因为传统靠"大水漫灌"的货币政策，势必会引起通货膨胀等一系列反应。而通过信贷资产流转业务，鼓励商业银行将已经形成的信贷资产转让给非银行机构投资者，吸引社会资本的参与，为银行腾挪出监管资本、贷款额度等指标空间，继续满足企业的融资需求，不至于过多增加货币供应量。反之，如果存量信贷的盘活渠道不畅，银行贷款发放之后就只有等到期收回资金才能继续放贷，在实体经济的融资需求不断增长的情况下，就会倒逼货币供应量增加。在中国这样一个高度依赖银行的金融体系下，让巨量的银行信贷一直沿着"钱到地头死"的路往下走，不利于宏观调控的实施与改善。

四、两点务实建议

（一）早日出台信贷资产流转业务相关监管政策

2017 年 2 月召开的中央财经领导小组会议上，习近平总书记指出在金融监管方面要"参照国际标准，提出明确要求"。美国是以直接融资为主的金融体系，银行信贷占社会融资的比重仅在20% 左右，但其信贷资产流转市场也已经发展得较为完善，成为金融市场的重要组成部分。同时，美国相关监管部门对于信贷资产流转业务的直接限制也很少，主要是通过健全的法律制度保障市场参与各方的合法权益。

银登中心的成立及信贷资产流转业务试点的启动为盘活我国银行业信贷资产、降低实体经济融资成本提供了可能。虽然监管部门对信贷资产流转业务给予了大力支持，但仍有部分银行反映，对于信贷资产流转业务目前尚无正式的管理办法或规范性文件。

同时，在信贷资产流转方面还存在一些政策上的限制，如要求信贷资产必须整体转让、信贷资产的转入方须与借款人重新签订协议、银行理财不得直接购买信贷资产等，大大增加了银行盘活表内贷款在实务操作上的难度和复杂性。一些银行的内部风控和授信管理出于谨慎的考虑，暂时无法将流转业务作为银行内部的常规化业务来开展，虽需求迫切也只能保持观望。因此，建议早日推动信贷资产流转业务相关监管文件的出台，为银行信贷资产存量的盘活创造有利的监管环境。

（二）进一步鼓励各类资管产品参与投资信贷资产

近年来，包括银行理财、信托、券商资管、基金等在内的资管行业取得了快速发展，在有关各类资管产品统一监管的讨论中，有一种意见认为资管产品投资信贷资产可能催生监管套利、通道业务等风险，因此应予以禁止，我们认为此意见有待商榷。各类资管产品是社会资金进入金融市场投资的重要渠道，只有允许并鼓励资管产品投资信贷资产或其受（收）益权，才能真正地将部分信贷资产转出银行体系，防范化解金融风险，这既符合金融监管的要求，也有利于控制货币总量，支持实体经济。当然，对于其中可能存在的监管套利等风险，也应通过相应的机制加以防范。

当前，在金融监管工具不断丰富的情况下，信贷资产流转业务全流程都已纳入监管视野中，过去资管产品投资信贷资产可能出现的各类问题已基本得到解决。对于银行通过回购、本行理财投资本行信贷资产等方式规避监管、隐匿风险的问题，银监会已发布银监发〔2008〕83号、银监发〔2009〕111号、银监发

〔2010〕102 号①等一系列文件进行了规范。同时，银监会通过银登中心集中登记系统、银行业理财信息登记系统、中国信托登记系统，已实现对所有银行理财、信托计划的最终投向的穿透式监管，可全面掌握其投资信贷资产等各类资产的数据情况。央行实施的"宏观审慎监管"也将银行表内持有的信贷资产以及通过理财产品投资的信贷资产都纳入"广义信贷"考核的范围，保证了相关业务情况时刻处于监管视野控制中。

在此情况下，建议支持和鼓励各类资管产品通过监管认可的渠道参与信贷资产流转业务，在透明、合规的前提下推动银行信贷资产的盘活，进一步提升金融对实体经济的服务和支持能力。

---

① 《中国银监会关于印发＜银行与信托公司业务合作指引＞的通知》（银监发〔2008〕83号）、《中国银监会关于进一步规范银信合作有关事项的通知》（银监发〔2009〕111 号）、《中国银监会关于进一步规范银行业金融机构信贷资产转让业务的通知》（银监发〔2010〕102 号）。

第二章　信贷资产流转市场的国际经验

信贷资产流转市场在国际上已有四十多年的发展历史。从美国、欧洲和亚太市场的经验来看，在巴塞尔协议施行的大背景下，各国银行业均开始积极通过信贷资产流转与信贷资产证券化等方式盘活存量信贷资产，且流转与证券化这两种方式各有分工、相互补充，共同发展成为各国金融市场的重要组成部分，其中的经验做法值得我们借鉴与参考。

一、国际信贷资产流转市场的发展背景

在美国，信贷资产流转和信贷资产证券化两种资产盘活方式均兴起于20世纪70年代。此后的四十年间，美国的经济逐步从石油危机和布雷顿森林体系解体的阴霾中走出，在巴塞尔协议全面推行以及资管行业崛起、利率市场化、金融分业经营向混业经营转型等金融业重大变革的背景下，美国的商业银行面临了巨大的转型挑战，金融市场格局也发生了剧变，两种盘活方式随之不断发展，并对银行业的经营转型产生了重要影响。

（一）巴塞尔协议的施行是信贷资产流转业务发展的主要驱动力

从20世纪80年代末开始，美国逐步推行巴塞尔协议Ⅰ，这导

致银行持有贷款的监管成本大大增加，传统的通过扩大贷款规模
增加利息收入的方式难以为继。进入 21 世纪以来，随着巴塞尔协
议 II 中资本充足率等相关监管要求在美国的全面推行，商业银行
开始主动开展信贷资产流转业务，减少资产负债表中的风险资产
占用、释放资本空间、转移信用风险，流转和证券化这两种方式
也因此成为银行体系贯彻巴塞尔协议的重要配套手段。在此期间，
巴塞尔协议的推行对信贷资产流转业务的推动作用明显。2002—
2007 年，在巴塞尔协议 II 推行过程中，美国的信贷资产流转市场
出现了爆发式的增长，其市场交易量的年增长速度一度超过 50%
（见图 2 - 1），信贷资产证券化业务也蓬勃发展，基础资产种类大
大扩充。

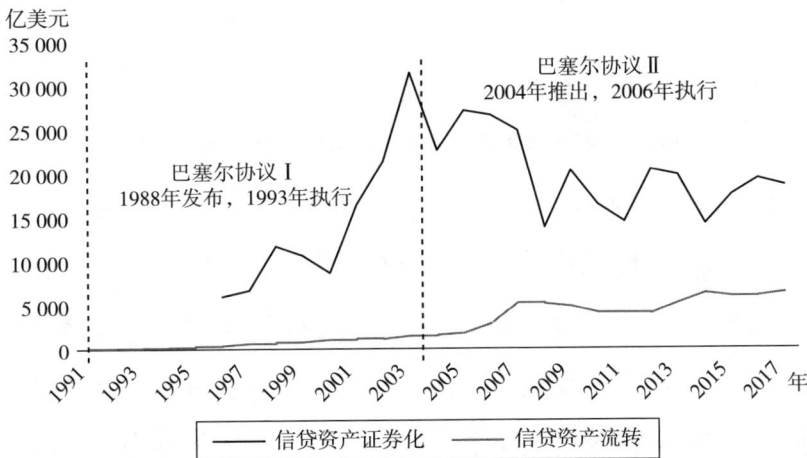

资料来源：LSTA（美国银团及贷款转让协会）、SIFMA（证券业及金融市场协会）。

图 2 - 1　美国历年信贷资产盘活规模（1991—2017 年）

欧盟、日本信贷资产流转业务的发展也基本遵循着美国的发

展轨迹。在巴塞尔协议落实的过程中，欧盟流转市场的增长速度一度保持在 50% 以上，资产证券化市场也出现了高速增长（见图 2-2）。

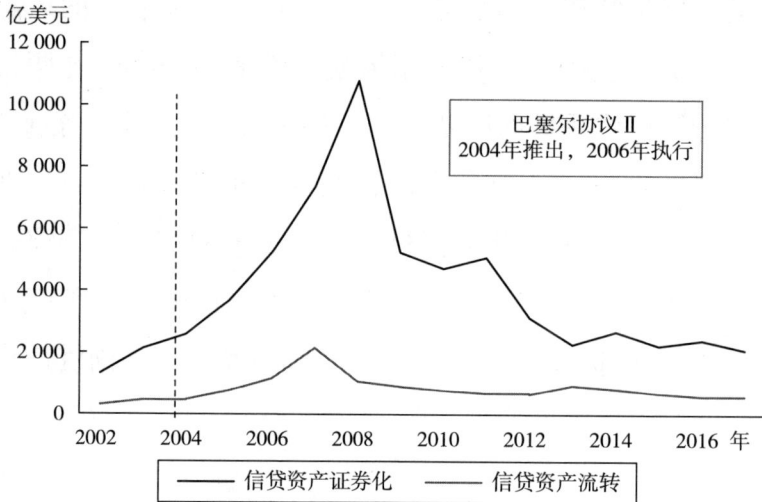

资料来源：汤森路透、SIFMA（证券业及金融市场协会）。

图 2-2　欧盟历年信贷资产盘活规模（2002—2017 年）

（二）资管行业蓬勃发展，为市场培育了大量的投资者

美国金融市场的变革还为流转市场培育了大量的供求主体。1999 年，标志着混业经营时代到来的《现代金融服务法案》开始实施，规定大型银行集团可以同时开展银行、证券、保险等各类金融服务以实现资源的有效配置。这打通了金融业各部门间的界限，资管行业快速发展，其资产规模在各类金融机构中的占比超过 60%（见图 2-3）。同时，各类资管产品也将信贷资产视为其资产配置中的重要部分，纷纷进入该市场进行投资。

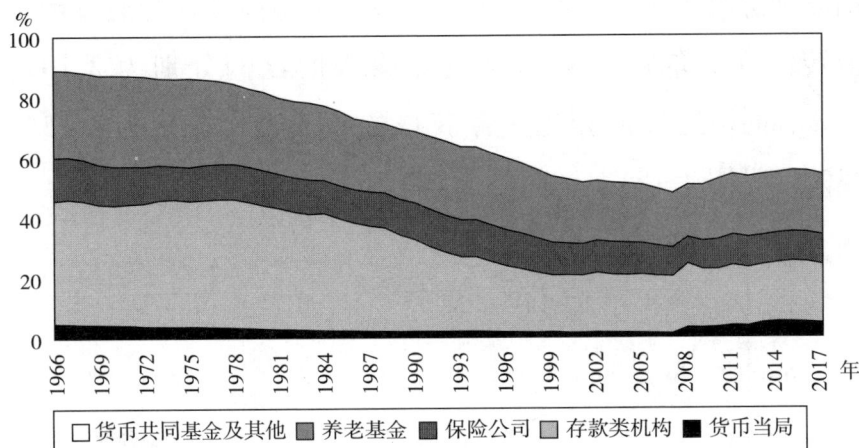

资料来源：美联储。

图 2－3　美国各类金融机构资产规模变化（1966—2017 年）

（三）利率市场化推动银行业经营战略转型

美国金融市场利率的完全市场化，使银行存款利率竞争加剧，银行业利差收窄、盈利能力下降、经营压力增大。于是，银行机构积极寻求转型，开始将自身发放并持有的信贷资产盘活给其他机构，赚取中间业务收入，信贷资产流转市场的资产供给大幅增加。

在此背景下，美国商业银行成功地从传统的"发放贷款—持有贷款—坐收利息—直到期满"模式转向费用导向的"发起贷款—利用二级市场—转出贷款—分散风险"新模式，实现了从利息银行向交易型银行的转型。由银行等储蓄机构持有的贷款余额比例一度下降到了 30% 左右，非利息收入也成为银行业重要的收入来源，占比稳定在 35% 以上（见图 2－4）。美国各大商业银行广泛开展信贷资产流转和信贷资产证券化，美国银行、花旗银行、纽约银行等都成立了专门的部门负责贷款的盘活，并以此作为重要的非利息收入来源。2006 年美国大、中型商业银行通过信贷资产流转活动获取的收益占其营业收入的比例分别为 2.10% 和 1.74%，同期通过证券化业务获得的收入占比分别为 4.83% 和 1.48%（见图 2 - 5）。

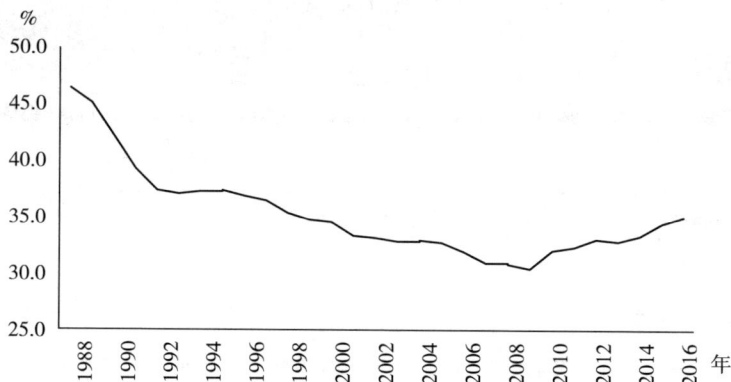

资料来源：美联储。

图 2 - 4　美国储蓄机构持有贷款余额占比（1988—2016 年）

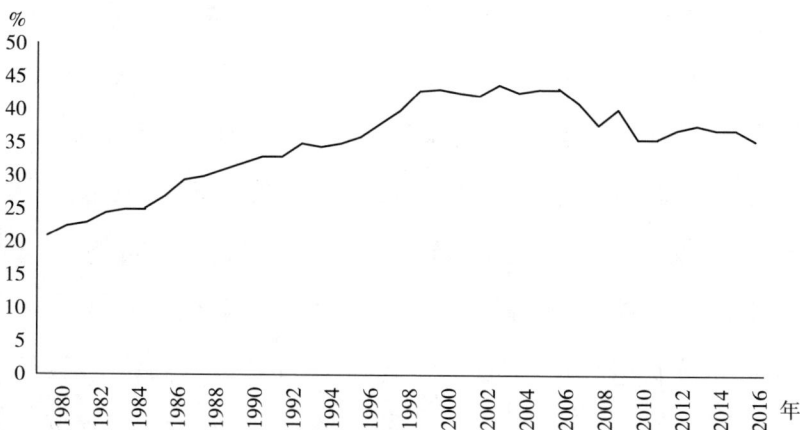

资料来源：美国联邦存款保险公司。

图 2 - 5　美国商业银行非利息收入占比（1980—2016 年）

（四）行业自律协会和中介服务机构进一步推动了市场发展

上述金融市场变革一方面为信贷资产流转市场的发展储备了大量的投资者，另一方面大大增加了银行业转出贷款的意愿，供求双方的共同发展也为流转市场的繁荣打下了坚实的基础。此外，以下原因进一步推动了信贷资产流转市场的发展。一是美国银团及贷款交易协会（LSTA）在 20 世纪 90 年代成立，开始推动流转市场的条款标准化、定价透明化和周期短期化，促进了信贷资产流转的规范化发展，吸引了更多的非银行参与者如对冲基金、养老基金、保险公司、贷款共同基金等参与投资；二是包括 IHS Markit 在内的一系列中介服务机构在同时期陆续推出了信贷资产估值定价、信贷资产交易结算等服务，显著提高了二级市场的流动性和透明度，进一步推动了市场的繁荣。

二、国际信贷资产流转市场与证券化市场的分工定位

信贷资产流转与信贷资产证券化在各国都是银行转移信用风险、盘活存量资产的重要方式，二者各有分工，互为补充。

（一）两类业务的市场规模基本相当

在美国，2017 年信贷资产支持证券的发行规模达到了 18 523 亿美元，其中 76% 为得到政府支持机构（房地美、房利美）担保的住房抵押贷款支持证券 MBS，而 ABS（底层资产主要为零售贷款，占比 12%）、RMBS（底层资产为无担保的个人住房抵押贷款，占比 7%）和 CMBS（底层资产为商业地产抵押贷款，占比 5%）等其他种类的产品占比较小（见图 2-6）。但 MBS 产品由于承载了一定的国家信用，类似于国内的政策性银行债，已不属于真正

意义上的信贷资产支持证券，在统计中应予以剔除。

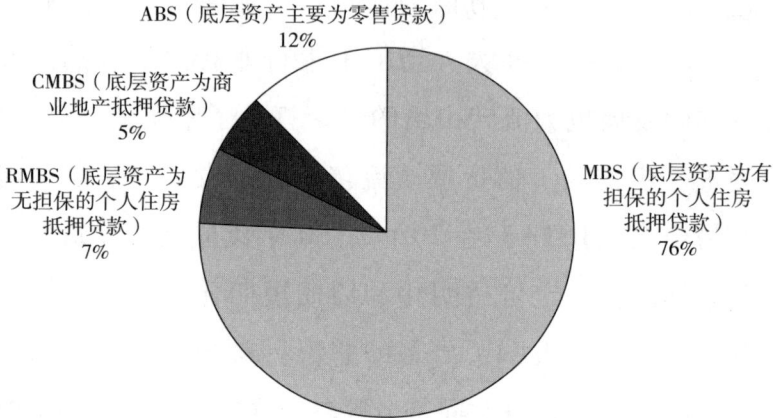

资料来源：SIFMA（证券业及金融市场协会）。

图 2－6　美国信贷资产支持证券发行规模结构（2017 年）

在剔除 MBS 产品后，美国 2017 年的信贷资产支持证券的发行规模为 4 499 亿美元，低于信贷资产流转 6 350 亿美元的规模，而欧洲由于信贷资产转让市场发展相对较慢，其信贷资产支持证券的发行规模约为信贷资产转让规模的 3 倍。

（二）两类业务对应的底层资产各有侧重

在美国、欧盟及日本，信贷资产证券化产品均以 MBS、RMBS、CMBS 和 ABS 这四类为主，其底层资产大多是小而分散的零售贷款及房地产抵押贷款，而信贷资产流转业务的底层资产则以对公贷款和不良贷款为主。这是由贷款特点及市场需求共同决定的，两种盘活方式分工明确，业务边界清晰，互为补充。

信贷资产证券化业务以零售贷款和住房抵押贷款为底层资产，主要是由于此类贷款大多具有现金流稳定、单笔规模较小、历史

亿美元

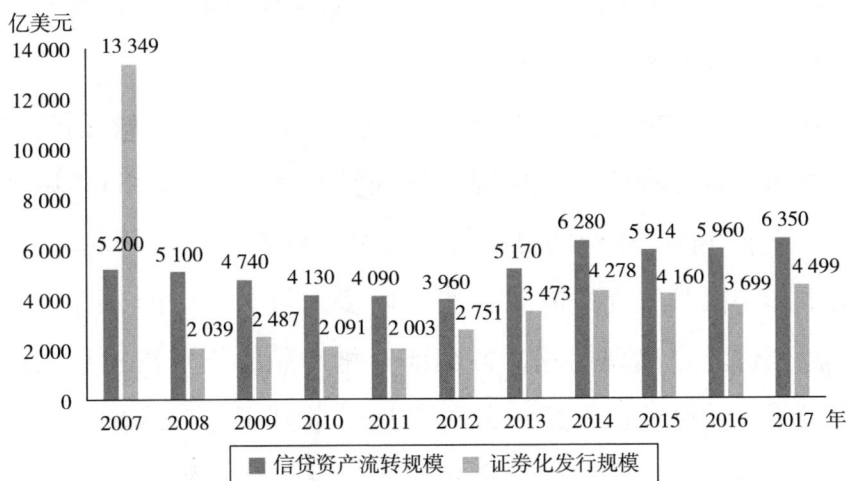

资料来源：LSTA（美国银团贷款与交易协会）、SIFMA（证券业及金融市场协会）。

图 2-7　剔除 MBS 后，美国信贷资产流转规模与
证券化发行规模对比（2007—2017 年）

违约数据完整等特征，有利于将其打包为证券化产品后进行出售。而这种将大量同类资产打包后出售的模式，使投资者可以仅通过对资产包的量化分析就能了解到证券化产品的风险特征，无须穿透至底层资产，操作相对简单。

信贷资产流转业务主要面向对公贷款和不良贷款开展，是由于对公贷款单笔金额相对较大，在行业、地域、风险水平等方面个性化程度高，投资者需要对贷款的信用状况逐一进行审查，无法通过集中打包进行量化分析；而不良贷款的现金流不稳定且难以预测，其价值更多来自抵（质）押物的处置，且处置时间及价格也具有较高的不确定性。因此这两类贷款更适于由专业的贷款投资者以流转方式进行投资。

（三）两类业务在金融危机中的表现不尽相同，证券化发行规模陡降，流转几乎未受影响

在2008年次贷危机爆发前，美国市场中发行了大量无担保的、以次级房产抵押贷款为底层资产的证券化产品（RMBS），以及以RMBS等作为底层资产的再证券化产品。随着美国市场利率升高、房价下降，次级房贷的借款人违约增多，与之对应的证券化产品的本息偿付随之出现问题，各类证券化产品的投资机构也因此相继爆发了流动性危机，这一危机迅速扩散到了全球金融市场。金融危机爆发后，美国的金融市场对无担保的资产证券化产品失去了信心，RMBS、CMBS和ABS等几类产品的发行规模均大幅下降，不足金融危机前的1/5，再证券化产品更是几乎绝迹，而"两房"担保的MBS产品由于得到了政府信用的支持，其发行规模未受到金融危机的明显影响。

与此同时，信贷资产流转业务受金融危机的影响较小，其贷款违约水平在危机期间未发生明显变化，流转规模也基本保持稳定。造成这一差异的原因主要有两点。一是信贷资产流转业务的交易结构简单，避免了证券化特别是再证券业务中由于结构复杂、信息披露不充分而导致的信息不对称等问题，投资者可以较好地识别产品风险；二是两类业务的行业分散度差异较大，信贷资产流转业务的交易资产主要为对公贷款，其借款企业来自不同行业，分散度较高，而资产证券化市场中，房产抵押贷款相关产品占比接近90%，风险过于集中于房地产行业。

三、国际信贷资产流转市场的主要特点

目前，美国、欧盟信贷资产流转市场是国际上的两大主要流转市场，其中美国的信贷资产流转市场发展历史最长。2017 年信贷资产流转市场交易规模接近 7 000 亿美元，约为美国对公贷款总量的 12%，交易结算笔数超过 100 万笔，是全球规模最大、成熟度最高的信贷资产流转市场。欧盟信贷资产流转市场的发展模式基本与美国一致，只是起步略晚，交易规模相对较小，年交易规模稳定在 600 亿美元左右。日本市场规模更小，年交易规模约为200 亿美元。

通过对美国、欧盟、日本等国信贷资产流转市场的研究分析，我们认为其信贷资产流转市场具有不少共同特征。因此，我们将以美国信贷资产流转市场的特征以及欧盟、日本市场的共性特点为主线进行分析，为我国信贷资产流转市场寻找可供借鉴的发展经验。欧盟、日本流转市场的具体特点详见《专题 2：欧盟信贷资产流转市场研究报告》《专题 3：亚太地区信贷资产流转市场情况与借鉴》。

（一）银团贷款是流转市场中最为活跃的交易品种

在信贷资产的流转中，对公银团贷款占据了较大的市场份额，这主要是出于以下几方面的原因。一是银团贷款在美国、欧盟对公贷款中占据重要地位，其对公贷款一般以银团贷款的形式发放，是非金融企业获取贷款的主要方式。2017 年美国市场银团贷款发放量超 2 万亿美元，大约占到非金融企业贷款总额的 30% 以上；欧盟银团贷款发放规模也超过 1 万亿美元（这与我国的情况不同，

国内银团贷款在信贷存量中占比较低，大量的对公贷款还是以双边贷款的形式发放）。二是银团贷款的合同文本较为统一，标准化程度更高，这一特征使其更易于交易。三是"杠杆银团贷款"即面向信用评级属于投机级别（BB＋级或以下）的企业发放的银团贷款，一般单笔规模在1亿～100亿美元，由于该类贷款收益较高又有足额抵押，因而受到了市场上非银机构投资者的欢迎，是交易最为活跃的贷款品种。

美国信贷资产流转市场中超过80%的交易额都来自杠杆银团贷款。对于投资者来说，杠杆银团贷款标准化程度较高、同质性较强、持有人众多，是一种极具吸引力的投资标的。具体来看，杠杆银团贷款交易最为活跃的原因如下。一是杠杆银团贷款有极低的违约率（历史平均违约率约为3%），而投资收益率相对较高，一般在LIBOR的基础上加125～150个基点；二是杠杆银团贷款一般有抵（质）押物作为担保，且还款优先级最高，因此违约后的回收率很高，一般可以达到70%；三是贷款协议中的保护条款对借款人的行为进行了约束，如限制借款人在未经出借方同意的情况下不得新增债务，对投资者有较强的保护，且贷款协议本身就带有贷款可交易的条款；四是杠杆银团贷款是投资者管理投资组合利率风险的一种有效工具；五是银行出于降低资本占用、赚取中介及做市费用、维护客户关系等目的，也在积极促进杠杆银团贷款的流转，特别是由于美国银行业对贷款计提的风险资本与贷款的评级相挂钩，评级越低则资本占用越高，因此银行有很大的动力将评级在BB＋级或以下的杠杆银团贷款转出以节约资本。

需要说明的是，美国70%以上企业信用评级都在BB＋级或以下，其中包括固特异轮胎、克莱斯勒汽车、美国航空、希尔顿酒店、四季酒店、美国钢铁、赫兹租车公司等知名企业。商业银行出于节约资本占用的考虑，不愿意使用传统模式贷款给这些企业，杠杆银团贷款就成为其获取融资的主要途径。杠杆银团贷款最早用于为企业的杠杆收购活动提供融资，故而得名。但随着杠杆银团贷款的发展，其用途已不局限于杠杆收购，企业还会使用杠杆银团贷款实现资本重组、为现有债务进行再融资、支持一般运营或为特定项目提供融资等。根据汤森路透的统计，全美 2017 年第一季度发放的杠杆银团贷款规模达到3 719亿美元，其中用于杠杆收购、并购融资的贷款合计仅占 12%（见图 2 - 8），可见杠杆银团贷款已经基本脱离了"杠杆"两字的束缚，发展为一种与我国对公贷款用途相似的企业贷款形式。

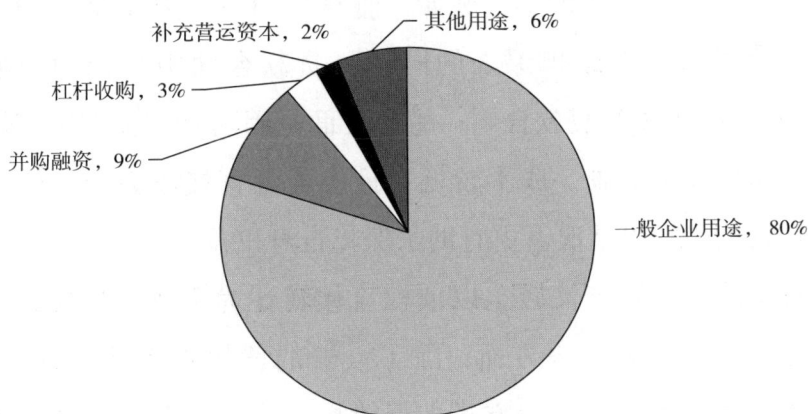

资料来源：汤森路透。

图 2 - 8　全美银团贷款用途（2017 年第一季度）

与此同时，双边贷款特别是不良贷款的转让在美国也有一定的规模，年交易规模据估算约为 1 000 亿美元，但没有形成一个统一的市场，一般都是银行自行转让，或委托 DebtX、First Financial、Mission Capital 等经纪商代其寻找买方。

（二）流转方式以债权直接转让为主

美国、欧盟市场中信贷资产的流转方式主要包括买断式转让（Assignment）与参与式转让（Participation）两类。买断式转让即债权直接转让，交易完成后买方成为信贷资产的债权人，可直接获得借款人偿还的本金和利息。参与式转让指买方根据协议的约定，获取卖方所持有贷款份额的对应收益，卖方仍然是该部分贷款的名义持有人，类似国内的信贷资产收益权转让模式。

美国、欧盟信贷资产流转市场以债权直接转让为主要交易模式，约占全部流转业务的98%。这一方面是因为其监管部门对于直接转让债权的限制很少，例如，监管部门并不要求贷款债权转让时征得原债务人或担保人的同意（贷款合同中自行约定的除外），也不要求重签贷款合同；另一方面是因为贷款债权直接转让的交易结构简单清晰，成本较低，且投资者直接成为贷款的债权人，在贷款违约等情况下更有助于保障自身权益。

日本的信贷资产流转也以债权直接转让为主要交易模式，同时具有一定的特色。一方面，除了一般的债权直接转让方式外，银行还可通过沉默转让的方式进行债权转让。1998 年，日本为鼓励信贷资产债权转让，颁布了《动产与债权转让特例法》，并据此创设出沉默转让的业务模式：沉默转让模式下，出让方无须提前通知债务人，但为确保债权转让对债务人发生效力，交易双方须在指定的法务部门（地方法务局等）办理债权转让登记，凭借转让登记凭证，受让方可以向债务人主张权利。日本大多数的双边贷款转让采用了该模式。另一方面，除上述两种交易模式外，日本还有一种信托转让模式，大约占市场整体流转规模的8%。信托转让模式的具体做法是：银行以其发放的贷款为基础设立自益信托（信托受益人为银行自身），再将该自益信托的受益权转让给其他投资者，该模式与国内的信贷资产信托受益权转让模式基本相同。信托转让模式有助于扩大信贷资产的投资者范围，使那些不能直接投资于贷款债权的投资者也能参与到流转市场中来（见图2-9）。

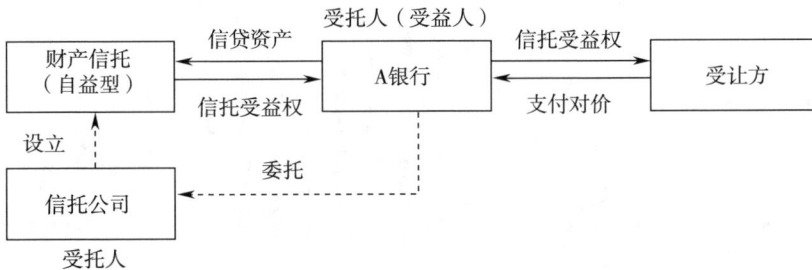

图2-9　信托方式转让模式基本结构

（三）投资群体多元，资产管理类产品是最主要的投资者

国际上，信贷资产流转市场仅面向机构投资者开放，其投资者主要分为银行和非银行资管机构及资管产品两类。银行投资者主要包括商业银行及其他存贷款机构。投资级（评级BBB-级或以上）贷款的持有人几乎全为银行，这主要是因为投资该类贷款本身的收益极低，银行更多考虑的是参与该类贷款所能带来的附加好处，如维护大企业客户关系、获取该企业的证券承销合约等；另外，很多投资级企业参与的并购交易本身就由多家银行提供投

行服务，因此这些银行自然也愿意为其并购提供贷款融资。此外，银行投资者也会参与到杠杆银团贷款（面向评级为 BB + 级或以下企业发放的银团贷款）的投资中，特别是其中的循环贷款部分，虽然银行有时也会参与定期贷款的投资，但后者已越来越少见。

截至目前，美国各类非银行资管机构及资管产品已逐步取代了银行，成为信贷资产流转市场的主要投资者，其投资规模占比目前已超过80%（见图2-10）。同时，银行参与信贷资产流转的方式发生转变，更多地开始作为市场的牵头方和经纪人来促进贷款的流转。

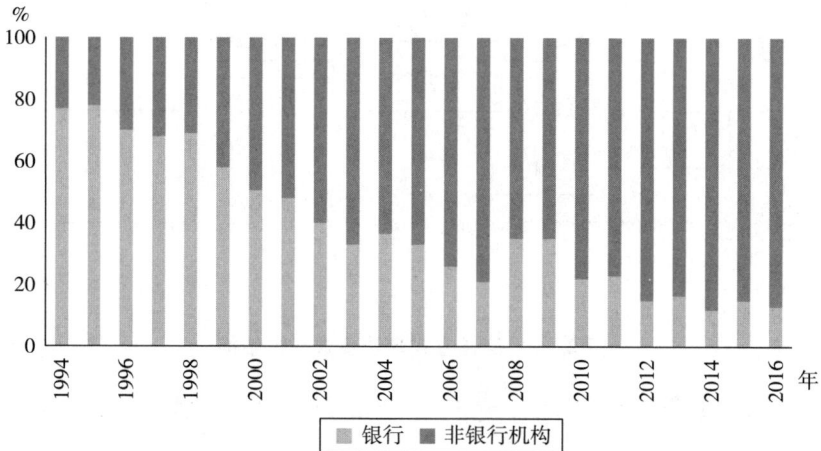

资料来源：标准普尔、IHS Markit。

图2-10 美国贷款市场的投资者持有规模占比（1994—2016年）

美国信贷资产流转市场的非银投资者主要包括 CLO、贷款型共同基金、私募基金、对冲基金、保险公司、养老基金及金融公司等各类资管机构及产品，投资主体多元化的特征明显（见图2-11），这些非银投资者主要投资对公银团贷款中的定期贷款部分。

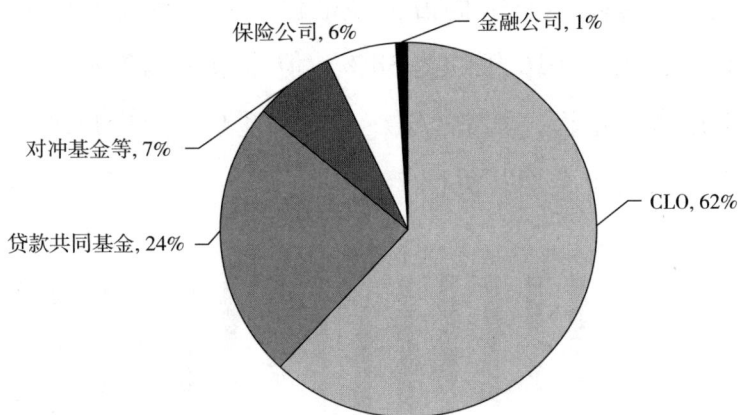

保险公司, 6%　　金融公司, 1%

对冲基金等, 7%

CLO, 62%

贷款共同基金, 24%

资料来源：标准普尔、IHS Markit。

图 2 - 11　2016 年美国各类非银行机构投资贷款的份额

其中，CLO 是美国信贷资产流转市场最主要的投资者，其投资份额常年保持在 50% 以上。CLO 是一种主动管理型的结构化产品，一般由资产管理机构运作，首先由该资产管理机构设立一个CLO 的特殊目的载体（SPV），由该 SPV 通过信贷资产流转市场从不同银行手中大量购入对公贷款（典型的 CLO 资产池中同时包含200～300 家不同行业的借款企业的信贷资产），然后对信贷资产池进行结构化处理，并向市场发行不同优先级的受益凭证，以供具有不同风险偏好的投资者认购。CLO 的载体形式多样，既可以是实现了破产隔离的信托（SPT），也可以是独立的法人公司（SPC），是一种类似于国内的信托受益权产品的结构化金融产品。银行及非银投资者出于风险收益偏好、资本计提等考量，均有较大意愿通过投资 CLO 分层产品的形式间接参与信贷资产流转市场，这也是 CLO 产品在信贷资产流转市场中投资份额较高的主要原因。

目前，欧洲市场也已形成了投资主体多元化的局面。虽然欧洲银行业在其金融体系中仍占主导地位，使银行持有的流转贷款份额略高于美国，2016 年约为38％，但非银机构投资者近几年的投资份额已超越银行，其中 CDO[①]、贷款型基金及专户理财为投资份额最大的投资者类别（见图2－12）。

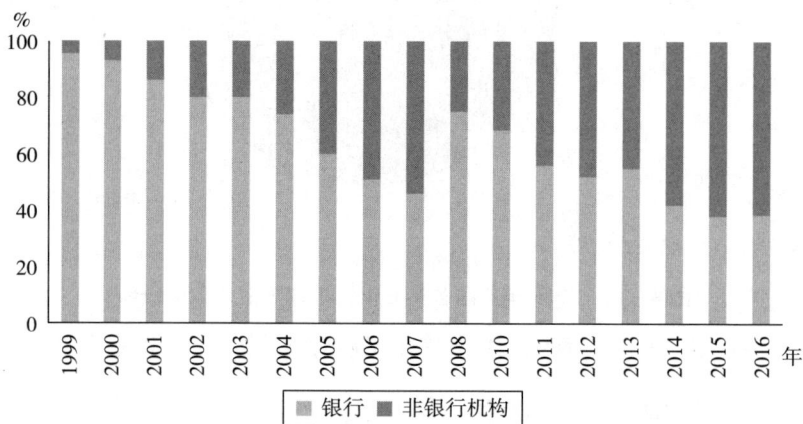

资料来源：LMA（欧洲贷款市场协会）。

图 2 – 12　欧洲贷款市场的投资者持有规模占比（1999—2016 年）

相比之下，由于日本的金融监管部门对贷款债权的受让方一般会有资质要求，因此一些非银行机构、资管产品等直接参与贷款流转较为困难，银行业金融机构仍是最主要的投资人。日本信贷资产流转市场中的受让方还是以地方银行（30％）及其二级银行（18.6％）、信用金库（21％）、信用联合会（5.0％）等银行类金融机构为主，人寿保险公司（6％）是主要的非银行投资机构（见图 2 – 13、图 2 – 14）。

---

　　① 在欧洲金融市场，CLO 被纳入 CDO 口径中一并统计。金融危机后，CDO 中的非 CLO 产品逐渐减少，以至于 CLO 的增长变化趋势可透过 CDO 的数据间接反映。

保险公司（Insurance Co.），3%　　金融公司（Finance Co.），2%

贷款型基金及
专户理财
（Credit funds/SMAs），
38%

债务担保权益凭证
（CDO），
48%

优惠利率、高收益
共同基金
（Prime rate/High yield
retail funds），
9%

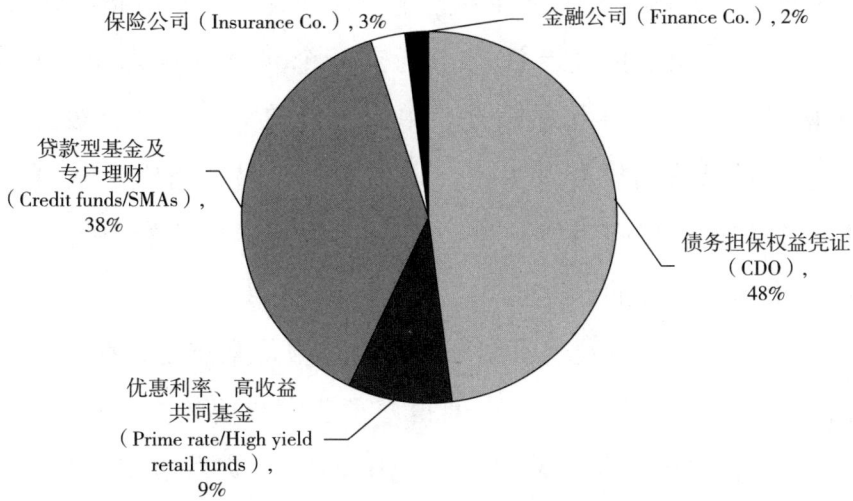

资料来源：标准普尔。

图 2 - 13　2013 年欧洲非银行机构贷款持有规模占比

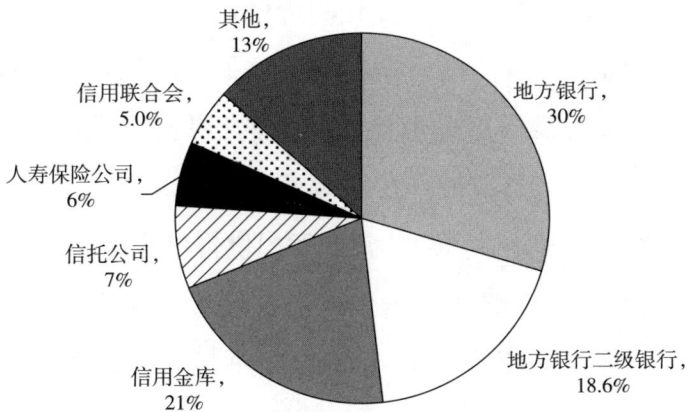

其他，
13%

信用联合会，
5.0%

人寿保险公司，
6%

信托公司，
7%

信用金库，
21%

地方银行，
30%

地方银行二级银行，
18.6%

资料来源：JSLA（日本银团与债权市场协会）。

图 2 - 14　日本信贷资产流转市场受让方结构

（四）典型的场外交易市场，做市商发挥了重要的推动作用

美国、欧盟信贷资产流转市场是一个典型的场外交易市场。由于信贷资产流动性相对较差、单笔金额较大、个性化较强，且市场参与者以机构投资者为主，采用场外交易的组织形式可有效降低交易费用、提高市场效率，这一市场安排与债券市场及金融衍生品市场是相似的。

场外市场的价格发现机制一般需要靠报价来驱动，在美国、欧盟信贷资产流转市场中，做市商扮演了非常重要的报价驱动角色。目前，美国、欧盟信贷资产流转市场中有50多家做市商，有500多家机构通过做市商的报价进行询价和交易。这些做市商一般由知名银行担任，每日对特定的贷款连续报出真实的买卖双边价格，同时对有意交易的对手方承担成交义务，并从贷款买卖的价差中获利。每家做市交易的银行都有自己独立的价格评估团队，有的银行是通过自己的平台做市，有的银行是在第三方平台上做市。与投资债券市场相同，一些大银行每日也要对持有的信贷资产进行逐日盯市。如果市场没有价格信息，很难在二级市场上达成交易，也难以对风险敞口进行评估，因此做市商非常愿意提供报价服务。

（五）完整的中介服务架构促进了市场流动性的提升

美国、欧盟信贷资产流转市场的成熟与发展，离不开完善的市场基础设施和高度组织化的市场参与者。健全的清算和结算平台等金融基础设施保障了市场的有效运行，透明的信息披露、发达的评级体系和专业的定价服务机构为市场降低了信息不对称的现象，积极的做市商制度为市场提供了充分的流动性，而权威的自律组织则为市场制定了标准化的交易流程和业务准则。各类第三方

机构共同构成的完整的服务体系，是推动流转市场健康有序发展的重要动力。目前，美国、欧盟流转市场的整体架构见图2－15。

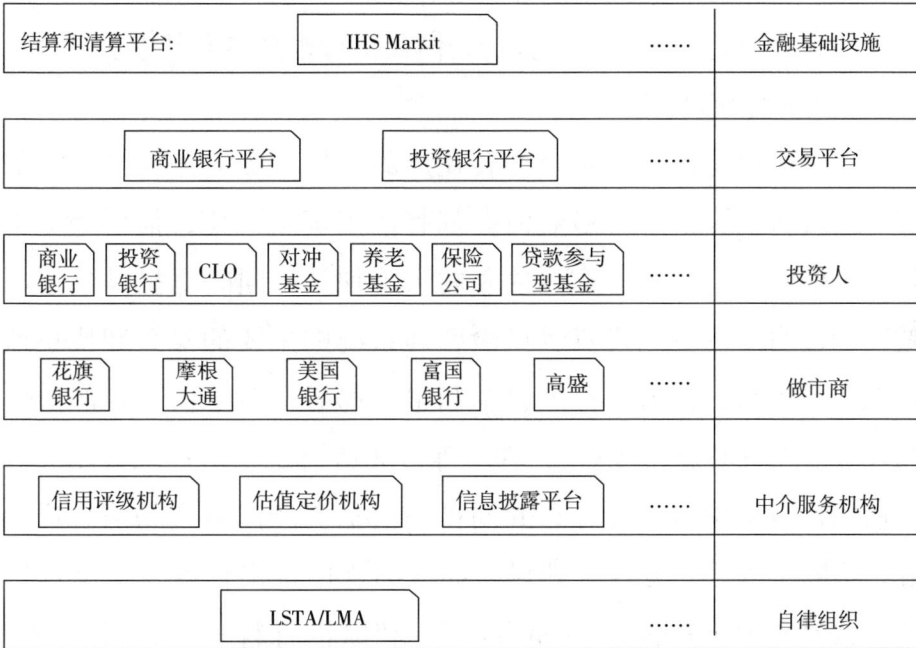

| 结算和清算平台: | IHS Markit | …… | 金融基础设施 |

| 商业银行平台 | 投资银行平台 | …… | 交易平台 |

| 商业银行 | 投资银行 | CLO | 对冲基金 | 养老基金 | 保险公司 | 贷款参与型基金 | …… | 投资人 |

| 花旗银行 | 摩根大通 | 美国银行 | 富国银行 | 高盛 | …… | 做市商 |

| 信用评级机构 | 估值定价机构 | 信息披露平台 | …… | 中介服务机构 |

| LSTA/LMA | …… | 自律组织 |

图2－15　美国、欧盟信贷资产流转市场架构

1. 金融基础设施及交易平台

信贷资产流转市场的金融基础设施主要指清算、结算平台，交易平台和金融基础设施是保障市场有效运行的中枢，由于信贷资产转让产品标准化水平较低，合约条款相对复杂，交易周期较长（美国市场上的结算周期大约在15天），因此信贷资产流转中存在对手方违约、交易标的价格变动等风险。而信贷资产的清算、结算平台服务可以起到化解风险、提高市场效率、助力行业监管、确保资金交割和资产过户的顺利完成等作用。IHS Markit公司的

ClearPar 平台是市场中为信贷资产流转提供结算和清算服务的最主要的平台系统，目前 90% 的银团贷款转让通过该系统进行结算。仅在美国，就有 30 多个全国性的信贷资产流转平台系统，且大都由一些大型银行主导，投资银行和商业银行也会参与其中。

2. 信用评级机构

评级机构通过为信贷资产转让产品提供评级服务参与到信贷资产二级市场。正如大多数债券都有信用等级一样，信用等级不仅为投资者提供一个可靠、独立的风险评估，同时也提高了市场效率和透明度，更是投资者风险管理系统中主要的参数和质量监控工具。目前，穆迪、标准普尔和惠誉都提供对于信贷资产的信用评级。欧洲贷款市场协会 LMA 等行业协会也在与标准普尔等国际信用评级机构展开合作，共同提高信贷资产流转市场信息透明度，不断推进第三方评级建设。如欧洲现已推出标准普尔欧洲信贷指数（S&P European Loan Index）和欧洲杠杆信贷指数（S&P European Leveraged Loan Index，ELLI）等系列指数。

3. 第三方定价机构

市场中的第三方估值定价机构会咨询各家做市商对某一信贷资产的报价信息后进行加工处理，为市场提供定价服务，一方面，可满足部分机构对于持有的资产进行逐日盯市的需求（例如，美国监管部门要求共同基金每日要对其所投资的资产进行估值，一些大的银行也会每日评估其投资的信贷资产价值）；另一方面，也可为信贷资产的交易价格提供参考性报价，帮助买卖双方达成交易。目前，全球主要的贷款资产管理人都在使用 IHS Markit 公司的估值服务进行资产评估，IHS Markit 平均每隔 15 分钟就要为 6 400

多笔贷款提供估值数据。Thomson Reuters LPC 同样提供逐日盯市报价服务，LPC 利用集团公司在商业信息服务领域的领先地位，获取来自银行最新、最完整的贷款报价数据，每天对超过 4 000 笔贷款进行报价。

4. 信息披露平台

随着信贷资产流转市场的成熟，交易过程中的信息披露机制也逐渐完善起来。彭博资讯、汤森路透以及 IHS Markit 公司作为信贷资产流转市场的信息服务商，会通过合作银行机构收集信贷资产流转的项目信息和交易信息，并予以公布。如 IHS Markit 建立的在线贷款信息管理服务平台同时面向美国和欧洲市场进行服务，为近 4 000 家机构提供实时更新的贷款信息。而汤森路透则提供了信贷资产流转市场的新闻、分析及指数综合服务，开发了诸如 SMI 100、Euro Non Leveraged 30 等贷款交易指数，是信贷资产流转市场中最大的二级市场信息提供方，每天提供多达 6 000 个贷款的利率报价。

在中介服务机构的推动下，美国的信贷资产流转市场具有较好的市场流动性，50% 以上的贷款每季度交易次数在 20 次以上，交易次数低于 5 次的贷款（流动性较差的贷款）占比仅为 20% 左右。

（六）有限范围内的信息公开和披露

美国、欧盟的信贷资产流转市场都属于非公开市场。由于信贷资产流转中会涉及借款企业的定期财务数据、财务预测、并购计划等大量非公开的机密信息，因此贷款合约、借款人经营状况等资料在市场中并不向社会公众公开，而是在信贷资产的投资者内部披露并严格保密。不过，近年来美国市场的信息公开程度有所提升，主要原因是随着信用评级、估值、信息资讯等服务的普及，信贷资产的相关信息在不同的渠道中被间接地透露出来，同时银行为了吸引更多的非银行机构投资者参与投资，也逐渐开始将信贷资产信息向更大范围的投资者披露。相比之下，欧洲流转市场的信息公开程度仍较低。

另外，对于如何在上述非公开信息与投资者的公开证券投资行为之间建立防火墙，各类市场参与主体都采取了相应的保障措施。例如，选择在非公开市场上交易某笔贷款的投资者可以获得借款企业的所有非公开信息，但必须同意不在公开市场上交易该借款企业发行的股票、债券等公开证券；而对于选择在公开市场上交易的投资者，他们即便持有某借款企业的贷款，也只能获得与贷款相关的可对外公开的信息，因此保有投资于该借款企业的其他公开证券的权利。

（七）市场规范以行业自律为主

美国、欧盟信贷资产流转市场都是自发形成、以行业自律为主的市场。监管部门没有对具体的交易过程和结构加以限制，金融机构在开展流转业务时主要是遵从监管部门对机构自身的机构监管要求。例如，美国证券交易委员会（SEC）发布的 22e4 准则于 2018 年 12 月生效，要求所有开放式基金都必须申报有关其流动性的风险方案，其中就包括信贷资产的流动性。这些政策并非是针对信贷资产流转市场专门制定的，但也会在一定程度上对流转市场产生影响。

在推动美国、欧盟信贷资产流转市场发展方面，作为自律组织的美国 LSTA 协会（美国银团及贷款交易协会）和欧洲 LMA 协会（欧洲贷款市场协会）发挥了十分重要的作用。LSTA 及 LMA 的具体职能包括制定标准格式的贷款交易文本、规范操作流程、提高市场透明度和有效性、改善贷款结算效率、促进产品创新、开展投资者教育等，将不同类型的投资者吸引到信贷资产流转市场中来。虽然协会制定的规范并非强制性要求，但市场参与者一般都会积极遵守。

四、信贷资产流转是促进欧美商业银行转型的工具

在美国，信贷资产流转作为一种重要的金融工具创新，是促进美国商业银行经营转型的重要工具。在欧洲及其他市场中，信贷资产流转也发挥了相似的作用。

（一）改变了传统的信用风险管理模式

信贷资产流转为银行提供了一种信用风险管理的有效工具。对于商业银行而言，每个银行都在经营地域和客户基础上存在比较优势，这必然会产生信用风险集中的情况。因此，银行业传统的信用风险管理方式，如通过历史财务数据和相关指标来评估单个借款人的信誉，显然已无法准确描述风险的动态性。而降低对某一个或某一类借款人的风险暴露，又可能导致银行的业务损失，失去已有的客户关系。这样，传统的单一信用风险管理模式就造成了商业银行经营中的"信用悖论"问题，信用风险管理的技术创新就成为一种迫切的内在要求。

通过信贷资产流转市场，银行可以在保持客户信贷关系的同时把部分集中的信用风险转移出去，交由社会和公众承担，这使

51

银行摆脱了以往被动的、静态的信用风险管理单一模式，使银行的抗风险能力大大增强。

（二）满足了资产负债表管理的需求

信贷资产流转可以满足银行资产负债表管理的多种需求。一是在美国所有的银行开始全面实行巴塞尔协议中有关资本充足率的监管规定的情况下，信贷资产流转可有效地满足商业银行资产负债表管理和贷款组合调配的需求，避免信贷资产占用银行过多的资本；二是商业银行通过信贷资产的二级市场交易，可以获得出售资产的资金，把长期的资产换成短期的流动资金，有利于解决银行资金来源与用途期限错配的问题，改善风险资产比重等指标，有效地补充商业银行的流动性；三是信贷资产流转缓解了商业银行与其他金融机构的竞争，银行无须执着于以客户存款作为发放贷款的资金来源。

在21世纪初信贷资产流转市场高速发展的几年间，美国银行业的资本充足率快速提升至近13%，明显高于巴塞尔协议Ⅰ中8%的要求。

（三）促进了银行业的贷款经营化和投行化转型

美国的大中型银行广泛地参与到信贷资产交易活动中，已出现商业银行贷款经营化和投行化的转型。美国部分主要银行已经不再把贷款作为盈利的主要来源，而是将其作为建立和维持客户关系的一种方式，贷款收益占据主流地位的局势已经被逐步撼动。美国大中型银行广泛地参与了信贷资产流转业务，包括美国银行、花旗银行、纽约银行等在内的很多银行都成立了信贷资产流转的中介部门，专门从事信贷资产流转活动并从中获取收益。

（四）为工商业融资提供了更好的环境

银行通过信贷资产流转可以更好地为实体经济服务。一是信贷资产流转市场为商业银行提供了一种高效的融资手段，银行可以利用其他机构的资金对有需要的企业发放贷款；二是信贷资产流转市场帮助银行盘活了现有的贷款资产，提高了银行资产的周转效率，增加了银行对工商业企业支持的频次；三是由于银团贷款的交易属性，银行可以为不符合传统贷款要求的低评级企业发放杠杆银团贷款，之后转让给有需求的机构投资者，从而支持低评级企业的发展。

（五）促进了商业银行的市场分工

在美国，批发银行往往具有较强的资金实力，属于大型的银行机构，并拥有较高的信用等级。从其经营特点来看，20世纪90年代以来，主要的批发银行广泛地引入了金融创新工具，如信贷资产流转、资产证券化等，并通过这些工具广泛地与零售银行开展业务，而上述业务的开展又进一步导致了更明显的专业化分工。

目前，美国大部分的商业银行都已广泛地参与到了信贷资产流转业务中，其中大型银行主要作为出售者参与交易。根据统计，早在1990年，美国信贷资产流转市场中有86%的贷款为全美排名前10的大银行所出售。与此同时，很多投资银行和中小银行成为信贷资产流转的购买者。

五、信贷资产流转是金融市场发展到一定阶段的产物

根据信贷资产流转的国际经验，信贷资产流转市场的兴起与发展是实体经济、金融市场发展到一定阶段的自然产物。具体地，

信贷资产流转是利率市场化改革的重要补充，是实施巴塞尔协议的重要配套，也是信贷市场规范化发展的重要抓手。

（一）信贷资产流转是利率市场化改革的有益补充

利率是资金的价格，是现代市场经济中最为重要的价格变量，因此利率的制度安排对实体经济发展具有重要意义。以史为鉴，发达国家无一不经过了从利率管制到利率市场化的转型。

以美国为例，20世纪70年代货币市场基金的兴起，推高了市场利率，导致存款不断流出，给银行造成了巨大的压力。与此同时，布雷顿森林体系的解体扩大了均衡利率的波动幅度，上述变化使利率管制失去了存在的意义，美国开始逐步实施利率市场化。

目前，我国也正遵循着"先贷款后存款，先长期后短期，先大额后小额"的顺序推动利率市场化进程。人民银行行长易纲在2018年博鳌亚洲论坛上表示，"中国正继续推进利率市场化改革。目前我们已放开了存贷款利率的限制，也就是说商业银行存贷款利率可根据基准利率上浮和下浮，根据商业银行自身情况来决定真正的存贷款利率。其实我们的最佳策略是让这两个轨道的利率逐渐统一，这就是我们要做的市场改革"。因此，我国的利率市场化进程将逐步放开对存款利率的隐性干预，从而实现真正意义上的利率市场化。同时，目前我国的汇率制度是有管理的浮动汇率制度，2015年"8·11汇改"后人民币双向波动幅度逐步扩大，也进一步从汇率层面证明了利率市场化的必要性。

根据发达国家的经验，美国与欧盟等发达经济的信贷资产流转市场均在利率市场化完成后实现了大规模的发展。原因在于利率市场化完成后，银行存款成本上升，存贷利差不断缩减，盈利模式转型是银行在利率市场化时代的必然选择。银行在寻求非利息收入的过程中，开始由持有资产模式向经营资产模式转型，而盘活信贷资产存量刚好成为商业银行实现这一目标的重要手段。

目前我国的利率市场化进程正在不断推进，存贷款利率市场化是未来的发展趋势，银行也必然会面临与美国20世纪80年代相似的盘活资产存量的内在要求，因此信贷资产流转是银行适应利率市场化的有益补充。

（二）信贷资产流转是施行巴塞尔协议的配套措施

2010年9月，巴塞尔协议Ⅲ对银行的资产充足率、流动性提出了更高的要求，规定全球各商业银行的一级资本充足率下限将从现行的4%上调至6%，核心一级资本占银行风险资产的下限从现行的2%提高到4.5%。根据美国、欧盟市场的经验，巴塞尔协议推行后信贷资产流转市场都出现了显著增长。

目前，我国银行监管部门遵循巴塞尔协议的要求，进一步完善了银行业监管的新框架。目前银保监会要求商业银行核心一级资本充足率与一级资本充足率分别达到7.5%和8.5%（大型银行要求再提升1%）。信贷资产流转能够通过盘活存量资产的方式降低"分母"，优化银行资产负债表结构，从而对资本充足率进行动态管理。因此信贷资产流转是施行巴塞尔协议的配套措施之一。

（三）信贷资产流转是推动贷款一、二级市场规范发展的有力抓手

总结美国、欧盟信贷资产流转市场的国际经验，信贷资产流转有助于规范信贷市场发展。任何可交易金融工具的二级市场与一级市场均存在相互促进、紧密依存的关系。二级市场的流动性建设是加速一级市场规范化发展的重要抓手。

　　信贷资产流转将在以下层面促进我国贷款一级市场的标准化、规范化发展。一是信贷资产流转市场作为贷款的二级交易市场，能引导贷款发放市场更为规范，定价更为合理；二是信贷资产流转市场能够引导银行信贷投向，服务小微企业、"三农"领域等经济薄弱环节，优化信贷结构，促进普惠金融。

欧洲信贷资产流转市场研究报告

2017年7月，银登中心赴英国、法国同业机构交流，其间先后访问了 IHS Markit 公司、汤森路透贷款定价公司（LPC）、欧洲贷款市场协会（LMA）、欧洲清算所（Euro Clear）、法国巴黎银行和中国银行巴黎分行等机构，就欧洲信贷资产流转市场的基础设施、平台公司、自律组织等进行了调研。我们认为，欧洲市场经历了近30年的发展，其业务模式、市场架构、自律安排等对于建设我国信贷资产流转市场具有重要的借鉴意义。

一、欧洲信贷资产流转市场发展概况

（一）发展历程

欧洲信贷资产流转市场起步较晚，在交易规模上远不及美国市场，但由于借鉴了美国的先进经验，近年来发展速度较快。

1984年5月25日，欧洲出现第一笔信贷资产交易，基础资产是花旗集团国际银行发放给爱尔兰政府的5亿美元贷款债权。

20世纪90年代末，为满足巴塞尔协议的监管要求以及银行风险管理的需求，银行开始倾向于将持有的贷款转出，纷纷开展信贷资产流转业务并积极参与做市，市场活跃度提升，欧洲的信贷资产流转市场因此快速发展。与此同时，欧元区的单一货币有效提升了效率，贷款发放规模也快速增长，这进一步推动了欧洲信贷资产流转市场的稳步发展。此外，欧洲贷款市场协会和 IHS Markit 公司等主要行业自律组织和金融基础设施也相继成立，显著提升了欧洲信贷资产流转市场的规范程度和交易效率，Thomson Reuters LPC 提供的专注于信贷资产的逐日盯市报价服务，则提高了二级市场的信息透明度。在上述因素的共同影响下，欧洲信贷资产流转市场规模一度超过 2 000 亿美元，并在 2008 年金融危机后稳定在了 600 亿美元左右的水平（见图 2 – 16）。

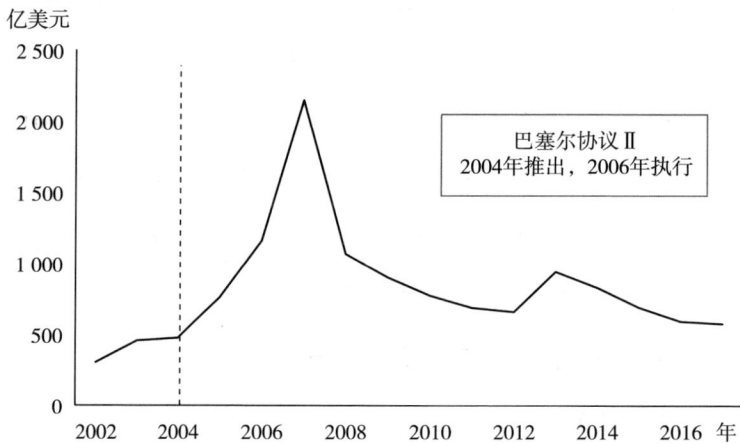

资料来源：LMA。

图 2 – 16　欧洲信贷资产流转市场交易量（2002—2016 年）

（二）发展原因

根据 2017 年欧洲贷款市场协会最新发布的 *Guide to Secondary Loan Market Transactions*，欧洲信贷资产流转市场中银行希望将持有的贷款转出主要基于以下原因：

1. 监管要求

2010 年 9 月，巴塞尔银行监管委员会通过了加强银行体系资本要求的改革方案，即巴塞尔协议Ⅲ。协议规定全球各商业银行的一级资本充足率下限将从现行的 4% 上调至 6%，"核心"一级资本占银行风险资产的下限将从现行的 2% 提高到 4.5%。2013 年 7 月，欧盟公布了与巴塞尔协议Ⅲ相匹配的新银行业法规，并要求于 2014 年 1 月开始实施。随着巴塞尔协议Ⅲ对商业银行资本充足率提出更高的要求，信贷资产流转已经成为银行提高资本充足率、增加资产流动性、满足监管要求的重要手段。

2. 风险管理

商业银行通常会尽可能地将信贷投放到预期利润率高的行业、经济发达的区域以及历史信用等级高的大型企业。贷款集中度风险是由于信贷资产投放过于集中，对于单一风险因子的风险敞口过大造成的。2008 年金融危机中众多金融机构破产倒闭，其中一个重要的原因就是集中度风险过大，导致在极端情形下出现毁灭性的损失。银行可以通过信贷资产流转发挥优化资产配置、分散风险的作用。

3. 不良资产提前变现

当借款人陷入财务危机或其他可能导致其还款能力受限的情况时，银行会考虑将贷款出售。银行可以立即兑现这笔贷款的价值（通常会有折价），而不是将这笔借款人可能会违约的贷款持有至到期。欧洲信贷资产流转市场中存在大量专门从事不良资产处置的机构，为此类业务提供了一个良好的市场环境。

（三）主要交易品种

与美国信贷资产流转市场类似，欧洲市场也是以银团贷款转让居多，双边贷款流转较少。其中，杠杆银团贷款是欧洲信贷资产流转市场交易最为频繁的贷款种类，具有最好的流动性，2016 年交易量为 460 亿美元，占信贷资产流转市场近 80% 的份额。而对于不良贷款流转而言，投资者主要看中不良贷款的高收益性。

（四）交易模式

1. 直接转让模式

所谓直接转让模式，即资产出让方直接与终端购买方进行交易。通常为贷款债权直接转让，可以是单笔贷款，也可以是多笔贷款组成的资产包。资产的投资者在购买贷款后多数持有至到期，少数进行二次或多次转让（见图 2 - 17）。

图 2 - 17　直接转让模式

2. 中介模式

欧洲信贷资产流转市场没有统一的交易场所，为提高信贷资产的流动性，引入了中介模式。在中介模式中，拟交易的资产被列入"交易名单"。中介负责对资产进行双向报价。销售团队负责从众多的出让方中发掘资产，并将资产卖给多个潜在买家（见图 2 - 18）。

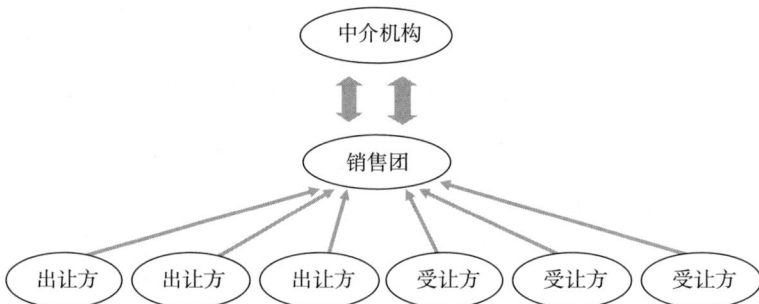

图 2 - 18　中介模式

3. 卖方管理拍卖模式

卖方管理拍卖模式通常适用于商业银行不良贷款转让。具体模式是，资产出让方先将资产转让给承销商，由承销商通过拍卖的形式再转让给一个或多个竞拍人（见图2-19）。

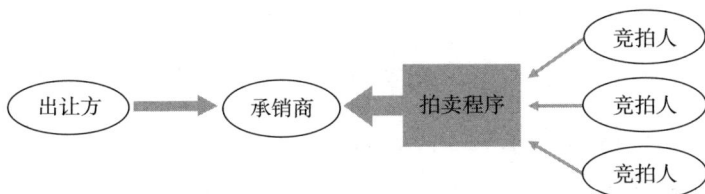

图2-19　卖方管理拍卖模式

4. 竞价转让模式

竞价转让模式（BWIC）也是基于拍卖程序的信贷资产转让模式，与卖方管理拍卖模式不同的是，竞价转让模式可以用于资产包中的单一资产的竞拍。交易将以高于保留价的最高竞拍报价成交。此种转让模式经常用于杠杆银团贷款的转让（通常在交易前的2~3天发布转让公告）（见图2-20）。

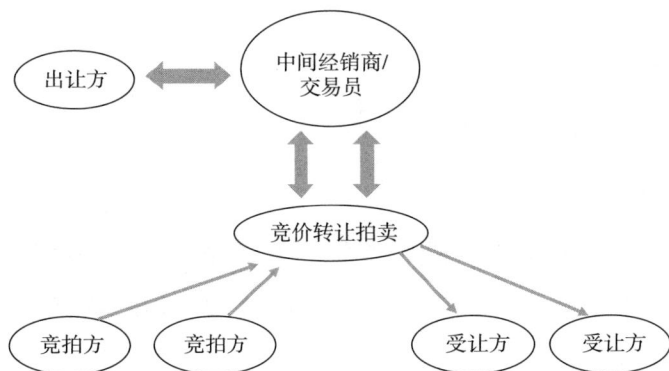

图2-20　竞价转让模式

（五）基础设施

与欧洲其他资本市场相比，信贷资产流转市场的交易结算流程烦琐、时间滞后的问题尤为突出。虽然欧洲信贷资产流转市场的标准结算周期是 $t+10$，但是在很多情况下，人工操作使结算过程变得很长。根据 LMA 统计，目前二级贷款市场结算期的中位数为 $t+33$（见图 2 – 21）。尽管等待费①制度起到一定作用，但是仍无法彻底改善结算滞后的问题，这无疑对市场的进一步发展构成了障碍，烦琐的交割过程也限制了诸多投资者的参与。随着欧洲信贷资产流转市场规模的持续增长，投资者对于信贷资产流转结算的专业化、标准化自然提出了更高要求。

在欧洲，IHS Markit 公司在信贷资产流转市场基础设施建设领域占有重要地位。由 IHS Markit 公司开发的 Clearpar 是交割贷款的高效交易平台，平台通过整合产品、交易双方和中介服务机构加速了交易落地，降低了交易风险。Clearpar 改善了欧洲的贷款交易结算滞后的情况，目前，越来越多的参与者正在使用这个平台的服务。可以说，持续提高信贷资产流转市场交易结算效率是建立一个功能完善、交易活跃的二级市场的重要工作。

（六）中介服务

1. 估值服务

欧洲贷款二级市场重要的估值定价机构是 IHS Markit。其估值定价业务始于 2004 年，平均每天估值贷款 6 400 余笔，约占欧洲

---

① 在交易中，卖方向买方收取等待费（Ticking Fee），约定如无法在特定的日期前完成审查，则在等待期内卖方可按交易价款向买方按日收取一定的利息。

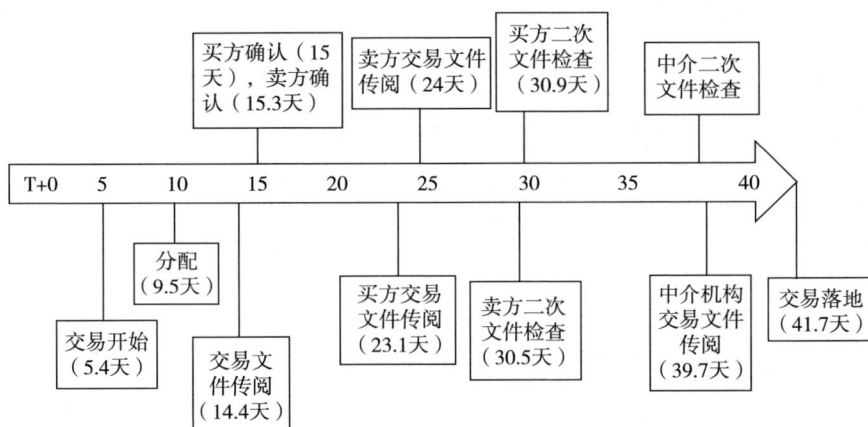

资料来源：LMA。

图 2 – 21　交易落地时间轴

市场份额的 98%。目前，IHS Markit 公司已经拥有 55 个报价商，来自 35 家金融机构，报价商以银行为主，一些银行甚至有多家分行参与报价。IHS Markit 认为定价是为交易服务的，有需求才会有价格，所以价格发现机制以市场报价为主，占比 98%，模型定价为辅，仅占比 2%。

Thomson Reuters LPC 同样提供逐日盯市报价服务，LPC 利用集团公司在商业信息服务领域的领先地位，获取来自银行最新、最完整的贷款报价数据，从 2002 年的日均不足 100 只贷款报价的规模发展到如今每天对超过 4 000 只贷款进行报价。

2. 评级服务

标准普尔、穆迪、惠誉等信用评级机构在欧洲市场不仅从事债券评级，而且还长期从事信贷资产的评级工作。早在 1996 年，标准普尔就开展了其第一笔在欧洲市场的信贷资产评级，2008 年国际金融危机后，信贷资产评级的数量显著提升。目前，标准普尔已经在 EMEA 地区（欧洲、中东、非洲）参与了超过 5 000 亿欧元信贷资产的评级。目前，欧洲贷款市场协会 LMA 也在与标准普尔等国际信用评级机构展开合作共同提高欧洲信贷资产二级市场信息透明度，不断推进第三方评级建设，并已推出标准普尔欧洲信贷指数（S&P European Loan Index）和欧洲杠杆信贷指数（S&P European Leveraged Loan Index，ELLI）等系列指数。

二、欧洲信贷资产流转市场的主要特点

（一）市场监管较少，行业自律作用突出

欧洲信贷资产流转市场的监管主要针对机构，而不是流转业务本身。这在很大程度上与欧洲市场的投资者结构有关。欧洲信贷资产流转市场以机构投资者为主，其具备较强的风险识别和承受能力。在信息披露充分的前提下，信贷资产流转被认为是机构之间自愿达成的平等交易，欧洲监管机构对此不进行监管干预。

也正因为如此，欧洲信贷资产流转的环境更加市场化，转让协议中的条款均由双方协商一致达成。例如，欧洲市场中对于信贷资产流转过程中债权主体发生变更时原始债权人是否通知借款人没有强制性要求。据 IHS Markit 公司统计，大部分的信贷资产交易出让方没有通知借款人。这也会反映在资产价格上：如果出让方未通知借款人，投资人需要对未来贷款存续期可能出现的法律纠纷承担风险，此时资产价格较低；反之，资产价格则较高。

与此同时，欧洲信贷资产流转市场的跨国行业自律组织——欧洲贷款市场协会（LMA）在市场中发挥了重要作用。1996 年，欧洲贷款市场协会成立。协会目标是为欧洲信贷资产流转市场的发展提供保障。欧洲贷款市场协会主要为信贷资产流转提供统一

的法律文本和操作指引，对市场参与者进行自律监管，组织开展市场教育与培训。

欧洲贷款市场协会的首批会员包括巴克莱银行、瑞士信贷、日本富士银行、汇丰银行、摩根大通、国民西敏斯银行和华宝银行（现瑞银华宝）。目前 LMA 拥有 664 家会员单位，范围覆盖欧洲、亚洲和非洲等，其中工商银行、中国银行都是其重要会员单位。开放、活跃的机制是市场活力的源泉，而权威、规范的合同文本则是市场健康发展的基础。1997 年 9 月，欧洲贷款市场协会公开了市场交易文件的初始样本，标准化交易文本的出台是协会在欧洲信贷资产流转市场的规范化上取得的重要成就。目前欧洲贷款市场协会容纳了更多样的市场成员，更复杂的市场环境以及更全球化的市场活动，市场参与者在协会出台协议框架下，以统一的标准有序地达成交易并对自己的行为负责。

（二）日趋多元化的投资者结构

欧洲的信贷资产流转市场长期以来一直是由银行业主导的，银行业是最主要的投资者，而非银行投资者最早由少数的美国交易商、有影响力的投资银行、专业的债权交易商和秃鹫基金①构成，主要投资不良贷款。与此同时，大型银行在推动市场发展方面也发挥了较大的作用，例如，IHS Markit 公司在欧洲采用了与其在美国相似的发展战略，以欧洲 30 多家大型银行为核心客户，共同推动信贷资产流转平台的应用及流转市场的发展。

---

① 秃鹫基金（Vulture Hedge Fund）指的是那些通过收购处于偿还危机中公司的违约债券，然后进行诉讼，谋求高额利润的基金。有时也泛指那些买卖破产倒闭公司股权、债权、资产而获利的私募基金。

但近年来，非银行机构在欧洲信贷资产流转市场中的作用正在加强。更多种类的机构投资者以及其他非银行金融机构开始活跃于信贷资产流转市场。如今，欧洲信贷资产流转市场投资者的种类和数量都大幅增长，其中涵盖了商业银行、投资银行、对冲基金、养老基金、私募股权基金以及一些专业的贷款经纪商。同时，受2007—2009年金融危机的影响，一些国家还设立了专门的政府机构来投资不良贷款债权，如爱尔兰国家资产管理局等。在此背景下，商业银行在信贷资产流转市场中的主导地位逐渐消失，截至2016年，其投资占比已不足40%（见图2-22）。

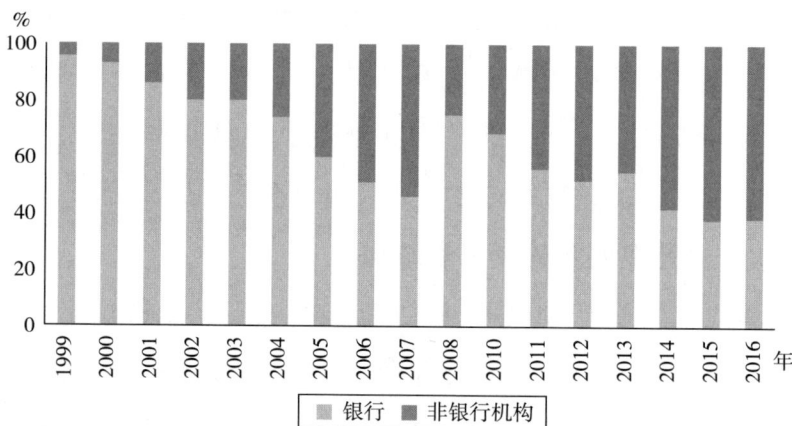

资料来源：LMA。

图2-22　欧洲信贷资产流转市场中非银行投资者占比

（三）对基础设施的要求不断提高

随着欧洲信贷资产流转市场的逐步发展，市场上对于交易系统改进的需求不断加强。金融基础设施的出现不仅大幅减少客户的重复操作，提高了交易效率，更重要的是提高了欧洲信贷资产流转市场透明度，加快了信贷资产流转的标准化进程。

（四）市场分散度高、区域性强

银团贷款可以说是欧洲各国之间资本流动的重要形式，大约71% 的贷款由国外资本参与。由于欧洲各国经济体量小，市场规模、法律制度、区域壁垒等具有丰富的多样化特征，这便决定了欧洲信贷资产流转市场的多样化。以银团贷款牵头机构为例：在英国，牵头机构可以是基金公司等，这与我们之前对美国市场的研究结果类似；而在法国、德国，牵头机构则只能是银行。

专题3

亚太地区信贷资产流转市场情况与借鉴

2018 年 6 月，银登中心赴新加坡、日本拜访当地同业机构并交流市场经验，其间访问了亚太贷款市场协会（APLMA）、日本银团与债权市场协会（JSLA）、全日电子债权登记网、IHS Markit 公司、华侨银行、巴克莱银行、瑞穗银行等机构，就信贷资产流转市场发展历程、交易模式、市场架构等问题进行了深入交流与探讨，所了解到的情况对我国信贷资产流转市场的规范发展具有深刻的启发和借鉴意义。

一、亚太地区信贷资产流转市场的基本情况

（一）亚太地区信贷资产流转业务发展历程

亚太地区信贷资产流转始于 20 世纪 90 年代，已有 20 多年的发展历史。与欧美国家相比，亚太地区信贷资产流转市场发展起步较晚且区域内差异较大，但整体来看，信贷资产流转业务的发展与巴塞尔协议Ⅰ的发布实施时间是基本一致的，通过流转的方式节约资本是当时商业银行主要业务诉求。

不良资产处置是推动信贷资产流转市场发展的一个重要背景。20 世纪 90 年代，日本经济泡沫破灭，金融业随之衰落，大型商业银行、证券公司相继发生破产，不良贷款的转让需求激增。而随后 1997 年开始亚洲金融危机，使亚太地区商业银行不良率普遍激增，政府部门为推动商业银行不良资产处置，通过多种方式鼓励和支持商业银行进行风险资产转出。

2000 年前后，亚太地区信贷资产流转市场步入快速发展阶段。一方面，以亚太贷款市场协会（APLMA）以及日本银团与债权市场协会（JSLA）等自律组织的成立为标志，信贷资产流转市场的规模化、规范化发展速度加快；另一方面，同期亚太地区银团贷款筹组规模不断上升，由于银团贷款标准化属性较强、更易于流转的特点，信贷资产流转市场的活跃度大幅提升。2008 年以后，受美国次贷危机等的影响，亚太地区信贷资产流转交易活跃度开始有所下降。

以日本信贷资产流转市场为例。20 世纪 90 年代以巴塞尔协议实施为契机，日本银行业开始通过信贷资产流转改善资本充足率；同期，日本政府陆续发布了《早期健全化法》《金融再生法》和《动产与债权转让特例法》①等法案，加速了不良资产处置与信贷资产流转业务的发展。2001 年 JSLA 的成立进一步助推了市场发展，到 21 世纪初市场交易规模已近 700 亿美元。在 2008 年以后，由于金融危机以及日本贷款利率持续下行的影响，信贷资产流转规模剧减至 200 亿美元左右，盘活比例不足贷款余额的 1%，直到 2016 年才有所回升。

2017 年，日本信贷资产流转市场共完成交易 3 173 笔，流转规模 251 亿美元（见图 2 - 23）。其中，正常贷款与不良贷款交易笔数接近，正常贷款占整体流转规模的 80%。

---

① 《早期健全化法》《金融再生法》是日本推动商业银行加快不良资产处置的重要法案，前者要求将金融机构分级，并按照分级结果采取不同充实资本的措施，后者主要明确了金融机构破产处理原则及方式，彻底终结日本银行"大而不能倒"的神话。《动产与债权转让特例法》明确债权转让可以通过办理转让登记的方式取得抗辩权，提升了贷款债权转让的便利度。

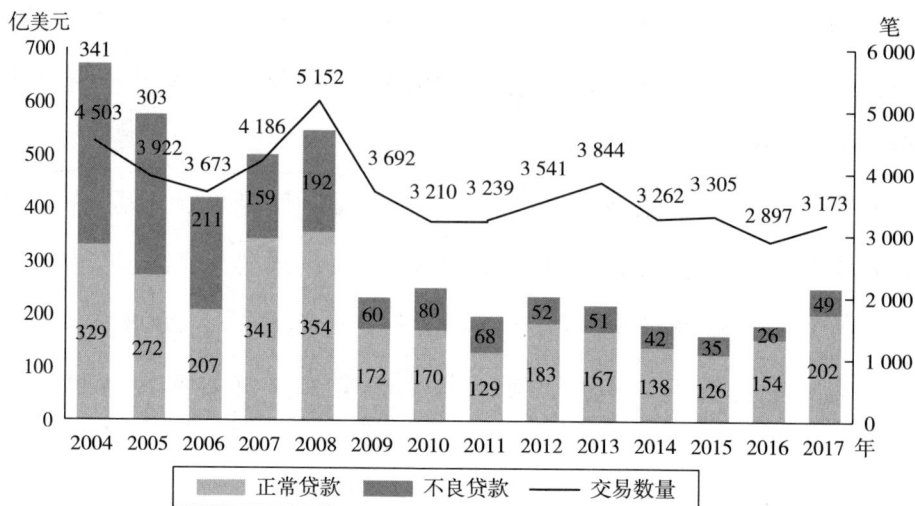

资料来源：JBA（日本银行业协会）。

图 2－23　日本信贷资产流转市场交易规模与数量

（二）亚太地区信贷资产流转市场主要交易模式

亚太信贷资产流转市场经过 20 多年的探索发展，已经形成了一些比较成熟固定的业务模式，最主要的信贷资产流转模式包括以下三种：一是信贷资产债权转让，包括买断式转让和沉默转让两种方式；二是信托方式转让；三是参与式转让（见表 2－1）。

表 2－1　　　　　　　　　三种信贷资产流转模式的比较

	信贷资产债权转让		信托方式转让	参与式转让
	买断式转让	沉默转让		
结构形式	债权债务关系转移给受让方，受让方具有向债务人的直接求偿权	债权债务关系转移给受让方，受让方不具有向债务人的直接求偿权	出让方将贷款债权委托给信托公司设立自益财产权信托，受让方通过受让信托受益权的方式参与贷款投资；受让方不具有向债务人的直接求偿权	不转移债权债务关系，按照参与比例享有本息偿付权益

	信贷资产债权转让		信托方式转让	参与式转让
	买断式转让	沉默转让		
对抗债务人效力	具备（同意转让或通知）	具备（登记）	—	—
对抗第三人效力	具备（确定日期）	具备（登记）	—	—
本金返还流程	由债务人直接汇款（或者通过签订事务委托合同从而由出让方汇款），银团贷款从代理机构汇款	由出让方（或信托管理人）转付		
买卖合同	主要是使用 APLMA、JSLA 等的格式化合同		—	个性化文本
注意事项	借款人签署了无异议承诺，因此不再具有抗辩权	受让方无直接求偿权，但根据登记事项证明书，受让方可以具有对抗效力	受让方无直接求偿权	受让方无直接求偿权
出表与资本计提	可以实现会计完全出表，无须继续计提资本			可实现部分出表，按比例减记资本

这三种流转模式的有关情况如下：

1. 信贷资产债权转让（Assignment）

信贷资产债权转让是指出让方将债权资产及其对应的附属权益全部转移给受让方，信贷资产出让后，受让方与债务人之间存在直接的债权债务关系。

按照是否通知债务人，信贷资产债权转让又可分为买断式转让（Outright Transfer）和沉默转让（Silent Transfer）两种方式。债权转让交易中，债权转让合同成立，仅对出让方和受让方有约束力，对于债务人来说，并不必然发生效力，当然这并不影响债权出让方与受让方签署的债权转让协议的效力，即不影响受让人取得债权。为确保转让行为对债务人发生效力，一般地，信贷资产债权转让会选择通知债务人，买断式转让就是采用了这种安排。而沉默转让则是通过转让登记的方式获得对抗效力：1998 年，日本发布了《动产与债权转让特例法》，明确债权转让可以在不通知债务人的情况下，通过办理转让登记的方式取得第三方抗辩权，沉默转让方式就是在这种背景下发展起来的。

两种债权转让模式的具体业务流程与结构如下：

在买断式转让方式中，出让方须在转让前通知债务人，在转让后，受让方作为新的债权人享有对债务人的直接求偿权，借款人将现金流付给受让方或委托出让方将现金流转付给受让方，在银团贷款中则一般由牵头行负责资金归集和转付（见图 2 – 24）。

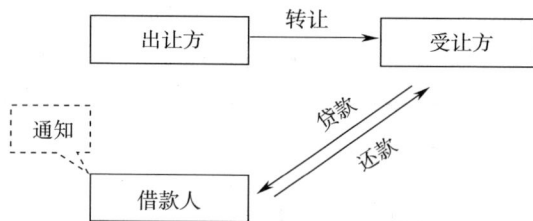

图 2 – 24　信贷资产债权买断式转让基本结构

在沉默转让模式中，出让方无须提前通知债务人，在转让完成后，由出让方进行资金归集并转付给受让方；交易双方在指定的法务部门（地方法务局等）办理债权转让登记，凭借转让登记凭证，受让方可以向债务人主张权利（见图2-25）。

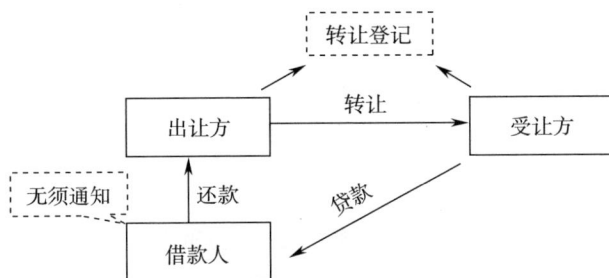

图2-25 贷款债权沉默转让交易结构

在实践中，信贷资产债权转让是最主要的信贷资产流转模式。其中，银团贷款由于采用了格式化的合同文本等因素，标准化属性更强，代理行的设置也使债权确认、资金转付等事宜容易办理，因此银团贷款大多采用了信贷资产债权转让的方式。而双边贷款转让中，由于通知债务人或征求债务人较为不便，因此大多数双边贷款转让都采用了沉默转让的方式，日本三菱东京日联银行开展的债权转让业务中80%是通过沉默转让的方式进行的。

2. 信托方式转让（Trust Method）

信托方式转让是指出让方银行将其持有的贷款债权委托给信托公司设立自益财产权信托（信托受益人为出让方银行自己），受让方通过受让信托受益权的方式参与信贷资产投资，该模式与国内的信贷资产信托受益权转让模式相同（见图2-26）。

信托方式解决了部分投资者不能直接投资贷款债权的问题，是非银行投资者及各类资管产品参与信贷资产流转市场的主要方式，特别是在贷款利率具备一定吸引力的情况下，可以充分吸收

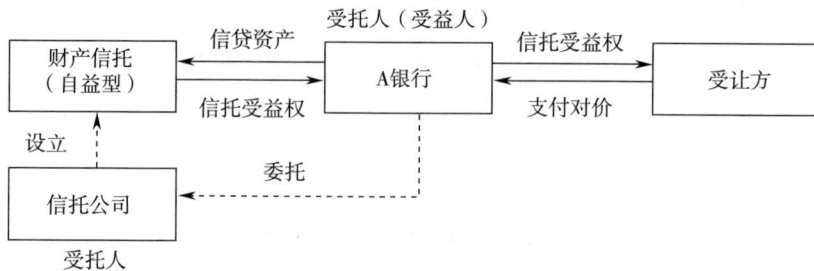

图 2 - 26　信托方式转让交易结构

社会资金参与贷款市场投资。例如，在日本信贷资产流转市场发展初期，商业银行通过信贷资产流转业务分散银行体系风险的需求较强，贷款利率也较高，各类机构投资者广泛通过信托方式参与贷款交易，规模占比一度达到 20% 以上，由于金融危机以及利率水平持续走低，信托方式规模占比也有所降低。

3. 参与式转让（Loan Participation）

信贷资产是指出让方与受让方（参贷方）签署参贷协议，出让方同意将债务人向其支付的本息按照约定的参贷比例转付给受让方，同时受让方向出让方提供资金并承担贷款信用风险。在这种方式下，受让方与借款人无直接债权债务关系，也没有对借款人的直接追索权。事实上，参与式转让对于受让方而言风险较大（见图 2 - 27）。

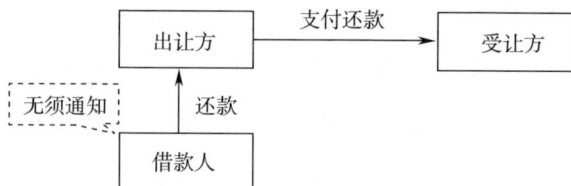

图 2 - 27　参与式转让交易结构

　　参与式转让的主要吸引力在于出让方无须改变与客户关系的
情况下节约部分资本，但也有一个明显不足，就是对于受让方而
言风险较大。一方面，受让方需要将参与的贷款按比例计入贷款
会计科目并计提风险资本；另一方面，在借款人出现资不抵债或
违约的情况下，受让方并不能直接向其索偿。实践中，参与式转
让的出让方一般为大型银行，这种情况下，大型银行无须改变与
优质固定债务人的关系，而中小型银行作为受让方可以节约贷款
业务相关成本，对于流转资产的安全性也较为信赖，能够有效地
控制信贷资产参与的风险。2017 年，三菱东京日联银行信贷资产
流转交易中，参与式转让规模占比达到了 46%。

　　在日本信贷资产流转市场，基本形成了"债权转让模式为主、
信托方式与参与式转让为辅、多种模式并存"的发展格局，2017
年三种交易模式占比分比为 78%、8% 和 14%（见图 2 - 28）。

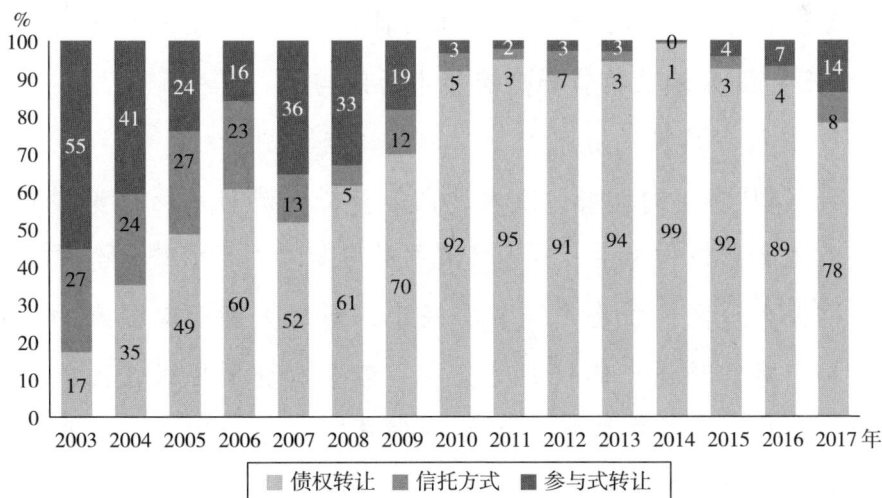

资料来源：JBA（日本银行业协会）。

图 2 - 28　日本正常信贷资产流转交易模式规模占比

4. 日本关于信贷资产流转业务的会计处理与资本计提

根据《日本企业会计准则第 10 号：金融商品》要求："金融资产的合同上的权利已经行使、权利丧失或对权利的控制已经转移时，可以确认金融资产的消除。"无论采取何种交易模式，只要满足上述要求，均可以实现会计出表。

根据日本会计准则，信贷资产流转业务中，若不存在回购、追索等影响贷款债权财务要素转移的情形，买断式转让、沉默转让、信托方式转让等方式均可以实现完全出表；而在参与式转让中，出让方仍然持有一定比例的信贷资产，因此仅可以将已转让部分从会计报表中转出。

关于流转业务的资本计提问题，日本监管部门要求流转交易参与方监管资本的计提应与会计处理相一致。因此，通过债权买断式转让、沉默转让与信托方式转让等方式满足会计出表要求的，均可以减记全部资本，通过参与式转让可以实现部分资本节约。

（三）亚太地区信贷资产流转市场架构

1. 投资者结构

经过 20 多年的发展，亚太地区信贷资产流转市场初步形成了以银行业金融机构为主、专业投资机构积极参与的投资者结构。

在亚太地区信贷资产流转市场中，新加坡等亚太国家的金融监管部门对信贷资产债权的受让方一般会有资质要求，因此一些非银行机构、资管产品等直接参与贷款流转较为困难，银行业金融机构仍是最主要的投资人。

专业投资机构是推动信贷资产流转市场发展的重要投资主体。与银行之间的流转交易不同，专业投资机构的参与一方面有利于将银行体系信贷积聚的风险转移到银行体系外；另一方面对于推动信贷资产流转市场从传统的出让方银行出表需求驱动向投资需求拉动转型具有重要意义。在信贷资产流转市场上，采用信托受益权等方式，恰好解决了一些不具备贷款直接投资资格的机构参与信贷资产流转市场的问题；同时在不良资产处置中，各类专业化投资机构的参与也能推动和加速信贷资产的流转和处置。近年来，亚太地区投资者也开始探索引入 CLO 基金等信贷资产投资方式，预期将进一步丰富信贷资产流转市场的参与机构。

以日本市场为例，信贷资产流转市场中主要的出让方为三菱东京日联银行、瑞穗银行和三井住友银行三家大银行，受让方还是以地方银行（30%）及其二级银行（18.6%）、信用金库（21%）、信用联合会（5.0%）等银行类金融机构为主，人寿保险公司（6%）是主要的非银行投资机构（见图 2－29）。

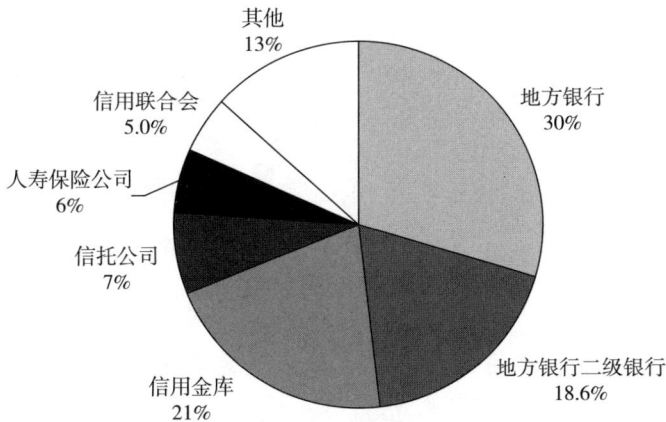

资料来源：JSLA（日本银团与债权市场协会）。

图 2－29　日本信贷资产流转市场受让方结构

2. 自律组织

在统一市场交易标准和规范的过程中，自律组织扮演了重要角色。

亚太贷款市场协会（APLMA）是亚太区内推动银团贷款市场增长及转让交易的跨区域自律组织。APLMA 在 1998 年由 15 家国际银行成立，通过制定标准合同文本、发布相关业务指引、加强区域内机构交流合作等途径，为推动银团贷款筹组的业务标准化发展作出了贡献。新加坡的星展银行、华侨银行、大华银行等均为 APLMA 会员，为新加坡国内银行跨区域参与亚太地区银团贷款业务提供了极大便利。

日本银团与债权市场协会（JSLA）是日本推动信贷资产流转市场发展的重要自律组织。自 2001 年成立后，JSLA 公布了信贷资产流转市场的交易主协议，通过规范信息披露与资金结算、提供信贷资产债权转让价格计算工具与交易标准合同文本等方式，有效地促进了交易的标准化、便利性和安全性，推进了信贷资产流转市场的发展。

权威、规范的合同文本是行业自律组织推动市场发展的一种重要方式和有效途径，奠定了市场健康发展的基础。APLMA、JSLA 成立初期，主要贡献就在于相关交易合同文本的标准化。亚太信贷资产流转市场成员结构多元化，国家和地区差异性较大，通过市场组织提供统一的协议框架和自律标准，大大提升了信贷资产流转交易的标准化程度和交易效率。

3. 金融基础设施

电子债权登记平台是日本市场推动信贷资产流转电子化、标准化方面的重要举措。日本已对债权电子化交易立法，2008 年 12 月，日本颁布了《电子记录债权法》，规定由统一的专业登记机构采用电子方式进行债权转让及登记。电子债权登记的实施，不仅将债权的内容可视化，提高债权转让交易的安全性（避免重复转让的风险）和简便性（无须债务者的参与）；同时，与票据债权相比，以电子数据的形式来进行管理，降低了成本和安全风险，可记录任意事项，不受容量限制，同时亦可分割债权，因此受到了金融机构与融资企业的认可。

在亚太信贷资产流转市场上，区域内部差异较大、市场分散，缺乏跨区域的较为集中的交易平台或市场，主要由一些市场化、国际化的信贷资产流转服务公司提供银团贷款相关的结算和清算服务。IHS Markit 公司是在亚太地区提供信贷资产流转市场结算清算的主要平台。Clearpar 是由 IHS Markit 公司开发的提供信贷资产流转结算、清算服务的高效交易平台，平台通过整合产品、交易双方和中介服务机构加速了交易落地，降低了交易风险，大大提升了市场效率。近年来，越来越多的市场参与主体开始通过该平台办理信贷资产的结算、清算业务。

4. 中介服务机构

估值定价服务平台是在亚太地区信贷资产流转市场上较为活跃的一类中介服务机构。为了帮助投资人对拟交易标的进行合理估值以及为持有人提供有效的市场公允价格以满足会计与监管要求，IHS Markit、汤森路透等金融信息服务公司等公司依托其市场经验以及交易数据积累等，为信贷资产流转市场参与者提供参考价格以及贷款价格指数等服务信息。在日本银团贷款市场上，投资者参考上述估值信息，使用 JSLA 规定的统一报价格式，综合考虑贷款品种、行业及评级信息等确定买卖价格。信贷资产流转市场价格透明度的提高，是改善市场流动性、增加投资机会、促进信贷资产流转转让市场发展的重要条件。

评级机构在推动亚太地区信贷资产流转市场发展过程中发挥着积极作用。在信贷资产流转市场，评级可以更好地揭示风险，帮助价格发现，因此近年来，亚太地区信贷资产流转市场也开始积极引入国际化评级机构提供专业化的中介服务。

二、银团贷款市场的发展与流转盘活

银团贷款的流转是信贷资产流转市场的重要组成部分，由于其标准化程度较高，在美国、欧盟等成熟信贷资产流转市场中，银团贷款是最主要的流转标的类型。与之相比，当前亚太地区银团贷款二级市场交易还不够活跃，有着巨大的发展潜力。

（一）亚太地区（除日本）银团贷款市场发展情况

银团贷款起源于20世纪60年代的美国，作为一种顺应国际信贷市场需求而兴起的融资方式，近50年来，不仅在美国得到了迅速的发展，而且在欧洲、日本等地区也逐渐成为主流业务。

近年来，亚洲大多数市场的银团贷款市场交易活动放缓。由于受到经济预势以及大型融资活动减少等因素影响，亚太地区（除日本）银团贷款规模自2014年以来持续下降，2017年共完成1 246笔融资，总额4 453亿美元，比2016下降4.8%（见图2-30）。

中国市场是亚太银团贷款市场的主要组成部分。2017年，中国内地市场通过362笔融资共筹组1 013亿美元的银团贷款，占亚太市场（除日本）规模的23%。从参与金融机构排名来看，中国

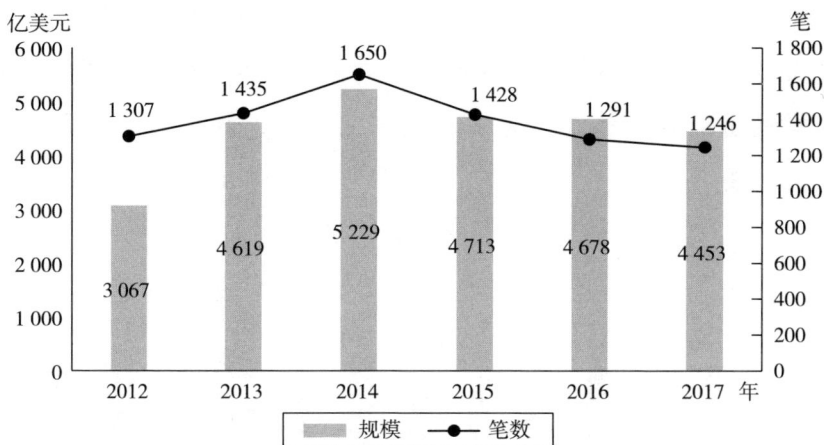

资料来源：APLMA（亚太贷款市场协会）。

图2-30　亚太地区（除日本）银团贷款数量及笔数

银行业在亚太地区银团业务占据绝对优势：2017年度我国内地银行机构有4家进入亚太地区（除日本）银团贷款牵头行、簿记行排行榜前10，牵头行业务合计占比近27%、簿记行业务合计占比约32%。

亚太地区银团贷款二级市场交易方面整体不够活跃。据APLMA协会估测，亚太地区（除日本与中国）银团贷款二级市场交易量大约在50亿美元，约占一级市场规模的1%。

（二）日本银团贷款市场发展情况

日本银团贷款市场发端于20世纪90年代末，由于其典型的以间接融资为主的金融体系，银团贷款得到了显著的增长。在金融危机后，日本银团贷款市场逐渐进入发展成熟期。虽然全球经济增长失速，融资机会减少，但杠杆收购、项目融资、跨境融资等业务却在逐渐增加，因此日本银团贷款市场维持基本稳定的状态，每年新增银团筹组规模在 2 500 亿美元左右，存量规模已超过 1 万亿美元（见图 2-31）。日本银团贷款二级市场交易量较小，2015 年日本银团贷款流转规模为 121 亿美元左右，约占同期银团贷款筹组规模的 5%。

亿美元

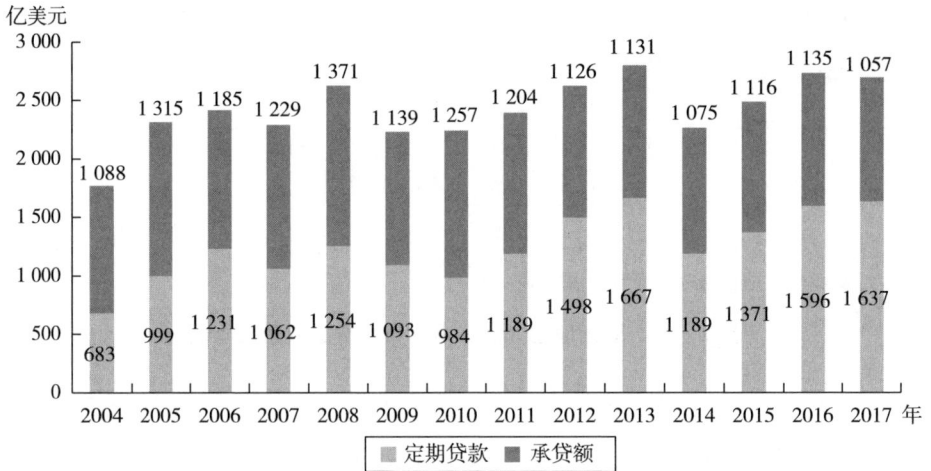

资料来源：JBA（日本银行业协会）。

图 2-31 日本银团贷款筹组规模

三、对我国信贷资产流转市场的借鉴意义

亚太地区信贷资产流转市场经过近 20 多年的发展，积累了丰富的实践和探索经验，对于我国市场的发展具有重要借鉴意义。

（一）鼓励银行业机构以多种方式盘活信贷资产

美国、欧盟及亚太地区信贷资产流转市场的经验表明，在巴塞尔协议实施后，国际银行业普遍开始通过信贷资产流转的方式来改善资本充足率，这已成为一种趋势。在监管部门的指导下，我国信贷资产流转业务取得了一定的发展，已经形成了一些较为成熟的业务模式。不同的交易方式，适合不同的交易需求，建议监管部门进一步明确各类业务模式监管要求，鼓励市场机构在依法合规的情况下，按照自身实际需求，灵活选择交易模式。

借鉴日本沉默转让方式经验，进一步鼓励信贷资产债权转让。信贷资产债权转让具有交易结构简单清晰、成本低等特点，且投资者直接成为贷款的债权人，在贷款违约等情况下更有利于保障自身权益，因此是当前美国、欧盟以及日本市场上最主流的交易模式。特别是沉默转让，通过转让登记的方式，有效地实现了保障相关方权益与提高债权转让效率之间的平衡。目前，对于信贷资产债权转让，我国监管部门持较为审慎的态度，按照监管文件要求，信贷资产债权转让须通知债务人并重签协议，实际上相当于受让方重新发放一笔贷款，在实践中难以操作。借鉴日本市场的经验，建议在银行与企业合同约定一致同意的情况下，债权转让可以不通知债务人。

继续发展信贷资产受益权转让业务。我国信贷资产信托受益权转让，是在监管部门指导下进行的有益的市场探索，在支持商业银行通过信贷资产流转盘活存量方面发挥了重要作用，也得到了日本信贷资产流转市场的实践佐证，今后应继续坚定不移地支持商业银行通过信托受益权的方式实现存量盘活。

推动银团贷款流转盘活。根据国际实践经验，银团贷款具有标准化程度较高、规模大且持有人众多的特性，更易于流转。近年来，银团贷款日益成为我国银行信贷投放的重要方式之一，银团贷款的流转需求也逐步显现。考虑到目前银团贷款的流转交易在国际上已经形成了较为成熟的市场，建议参考国际经验，通过进一步加强一级市场标准化建设、为银团贷款流转盘活提供必要的政策支持、引入基础设施服务、逐步向多元投资主体开放银团贷款二级市场等举措，探索适合我国实际的银团贷款流转盘活路径。

（二）进一步确立中心流转登记的法律效力，落实集中登记要求

通过登记方式获得法律对抗效力是国际上的通行做法。在以美国为代表的很多国家，登记早已成为商业债权转让的公示形式：美国《统一商法典》第 9 章明确将登记作为债权转让公示，特别是确定二重让与情形中各受让人优先劣后的规则，《加拿大动产担保法》等也都以登记优先主义作为解决二重让与纠纷的规则，日本《电子债权登记法》和《动产与债权转让特例法》也明确了债权转让登记的法律效力。

我国一些实践领域在上位法立法滞后的情况下，监管部门规章实际上在引导和规范创新实践方面发挥着重要作用。正是依据银监办发〔2015〕108 号文①的相关要求，我国已经初步构建了信贷资产流转的集中登记制度，明确了银登中心承担集中登记工作的职能。

落实集中登记制度是推动信贷资产流转业务发展的基石。一方面，信贷资产债权流转的登记有利于明确资产性状、债权权属，保障流转资产的真实性，也为信贷资产债权的多次流转建立了真实准确的基础；另一方面，通过集中登记可实现对基础资产明细的完全穿透，不仅使投资人能够充分了解和评估资产风险，同时，

---

① 《关于银行业信贷资产流转集中登记的通知》（银监办发〔2015〕108 号）。

对于市场统计监测、服务监管以及防范金融风险也有着重要意义。

目前，关于集中登记的配套政策和具体实施方式还没有完全落地，还有一定规模的信贷资产流转业务在通过私下转让的方式进行。建议监管部门进一步明确信贷资产流转登记制度的效力，强化集中登记要求，推动集中登记制度落到实处；通过现场监管，如对银行机构登记情况进行核对抽查等方式，确保集中登记的准确性和真实性，提升服务监管能力。

（三）完善制度体系建设，进一步提升业务规范化水平

信贷资产流转市场的发展有很强的政策依赖性，需要监管部门及自律组织的引导。2000 年前后日本信贷资产流转业务的快速发展，与政府与自律组织及时推动信贷资产流转业务制度规则的建立高度相关。

目前，我国信贷资产流转相关制度体系仍存在一些有待进一步完善的地方，建议监管部门尽快出台信贷资产流转方面的相关办法，引导和支持金融基础设施平台或行业自律组织推动市场制度体系建设，为我国信贷资产流转业务规范化发展构建制度保障。

（四）丰富投资者类型，探索信贷资产跨境转让

目前，我国信贷资产流转市场参与主体仍以银行业金融机构为主，参与主体多样性不足，为推动信贷资产流转市场的持续健康发展，可以从以下两个方面着手，进一步丰富投资者结构。

一是明确参与标准和要求，引导各类专业投资机构参与信贷资产流转业务。当前我国信贷资产流转业务中，非银行机构参与有限，主要有以下两方面的原因：第一，保险机构、社保基金等各类机构能否投资信贷资产，其主管部门的监管政策尚不明确；第二，利率双轨制导致表内信贷资产实际收益率与非银行机构市场

化资金来源成本倒挂，导致银行业以外的机构投资人难以参与投资。为丰富信贷资产流转市场的投资者类型，应尽快明确各类市场主体参与标准，鼓励小微企业贷款等收益率相对较高的贷款品种的流转，使各类机构积极参与进来，确保银行信用风险向社会转移和分散，降低交易的同质性，同时可助力实现各金融子市场之间的互联互通，推动我国利率市场化进程。

二是积极探索引导境外资金投资国内信贷资产。我国信贷资产存量庞大，而引导外部资金参与国内金融市场投资成为当前我国金融体系发展的一个重要趋势。在当前环境下，探索信贷资产的跨境转让很有必要，不仅对于加快信贷资产向银行体系外盘活、丰富投资者结构很有帮助，对引导资金流入、促进国际收支平衡也有着重要的实际价值和意义。

第三章　中国信贷资产流转市场
发展现状

一、中国信贷资产流转市场的发展历程

与国际市场相比，我国信贷资产流转市场起步较晚，但发展步伐较快，特别是近年来在银保监会的指导推动下，市场在逐步规范化、标准化的同时保持了良好的发展势头。总体来看，我国信贷资产流转市场的发展主要经历了以下三个阶段。

（一）自发探索阶段（1998—2008 年）

1998 年 7 月，中国银行上海分行和广发银行上海分行签订了银行贷款债权转让协议，这是国内第一笔信贷资产转让业务。1999年，四大金融资产管理公司成立，开始与国有大型银行之间进行不良资产转让交易。从 2002 年起，国家开发银行（简称国开行）、工商银行、民生银行、中信银行、光大银行等大中型银行开始广泛地参与信贷资产流转业务，其中以国开行为代表的间接银团业务（国开行发放贷款后，将其部分债权转让给其他银行，国开行继续负责贷款的后续管理）是当时一类重要的交易模式。2007 年，由于银行信贷规模逐渐收紧以及中国邮政储蓄银行的成立，信贷

资产流转业务发展速度加快。

（二）加强监管阶段（2009—2012 年）

在信贷资产流转业务快速发展的过程中，由于市场缺乏相应的制度安排和金融基础设施，大量的信贷资产通过私下转让的方式完成交易，在规范化、透明化和标准化方面有所欠缺。例如，部分银行通过"买断 + 回购抽屉协议"的交易方式转移信贷资产，交易双方均不将相关资产计入自身的资产负债表内，规避监管约束，导致资产悬空。

针对这些问题，监管部门从 2008 年起开始收紧对信贷资产转让业务的监管要求。2008—2009 年，银监会陆续发布了银监发〔2008〕83 号、〔2009〕3 号①、〔2009〕111 号等文件，对信贷资产的担保或回购交易、拆分转让等行为做了禁止性规定。2010 年底，银监会进一步下发了银监发〔2010〕102 号文②，对信贷资产转让提出了更为严格的要求，包括转让交易应真实、完整、洁净，转让需要征得借款人、保证人意见，转让后受让方须与借款人重签协议等。银行转让信贷资产的成本和难度大大增加，交易效率显著下降，信贷资产流转市场的发展步伐放缓。

（三）规范引导阶段（2013 年至今）

2013 年以来，我国经济开始进入新常态，经济增速逐步放缓，国务院提出了"用好增量，盘活存量"的政策思路。为响应国务

---

① 《中国银监会关于当前调整部分信贷监管政策促进经济稳健发展的通知》（银监发〔2009〕3 号）。

② 《中国银监会关于进一步规范银行业金融机构信贷资产转让业务的通知》（银监发〔2010〕102 号）。

院号召，银监会于 2013 年 7 月启动了信贷资产流转业务的试点工作，部分政策性银行、大型银行及股份制银行参与了业务试点。

在业务试点开展近一年后，经银监会批准、财政部同意，银行业信贷资产登记流转中心有限公司（以下简称银登中心）于 2014 年 8 月正式挂牌成立。作为信贷资产流转市场的集中登记机构和流转平台，银登中心在监管部门指导下专门负责组织银行业信贷资产登记流转业务，主要承担两方面职责。一是着力盘活贷款存量，在不增加杠杆的前提下，通过将银行信贷资产存量进行规范化流转，使商业银行在央行管控的宏观信贷总量之内，优化银行存量资产结构，提高资金使用效率和服务实体经济的能力。二是充当监管抓手，通过对信贷资产流转的集中登记，将以往银行私下转让的业务，逐步引导到银登中心这一公开平台上，协助监管部门将其纳入监管视野，建设阳光化、透明化、规范化的银行业信贷资产流转市场。

此后，银监会从集中登记、规范流转、化解不良、监管统计等角度，陆续发布了一系列政策文件，包括银监办发〔2015〕108号、银监办发〔2016〕82 号、银监发〔2016〕35 号、银监办发〔2017〕42 号、银监办发〔2018〕29 号等（详见表 3－1），并启动了不良资产收益权转让业务试点，以进一步引导和规范流转市场的发展。

信贷资产流转市场的规范化发展，得到了国务院领导的肯定。2015 年 4 月，李克强总理在银行机构考察时指出："金融机构要以改革的方式，着力解决融资难、融资贵问题……通过信贷资产证券化、贷款流转等方式盘活存量资金……引导更多资金投入实体经济，使金融与实体经济共享发展红利。"这标志着信贷资产流转被认定为是与资产证券化并列的"盘活存量"的重要渠道。

从我国信贷资产流转市场的发展历程来看，监管部门与市场机构对该业务的认识也是在不断调整和更新的。当前，我国新时代经济发展转型与银行经营转型都对信贷资产流转业务有着客观需求，而国务院领导也已经从顶层设计的层面明确了信贷资产流转的定位，进一步推动信贷资产流转市场建设与发展的契机已经成熟。

二、中国信贷资产流转市场的制度框架

目前，信贷资产登记流转业务已经初步建立起一套由"监管政策、业务规则、市场化主协议"组成的三位一体的制度框架体系。

（一）监管政策

自业务试点启动以来，对信贷资产流转业务的监管政策开始由限制约束向规范引导的方向转变。在集中登记方面，2015 年 6 月，银监会发布了《中国银监会办公厅关于银行业信贷资产流转集中登记的通知》（银监办发〔2015〕108 号）（详见表 3 - 1），正式建立信贷资产流转市场的集中登记机制，明确规定"银行业金融机构开展信贷资产流转业务，应实施集中登记"，并要求"银登中心承担信贷资产集中登记职能"。集中登记机制的建立，有助于推动市场的透明化、阳光化发展，监管部门也能以此为抓手对信贷资产的流向进行跟踪监测，掌握流转市场的全貌。

在信贷资产收益权转让方面，2016 年 4 月，银监会发布了《中国银监会办公厅关于规范银行业金融机构信贷资产收益权转让业务的通知》（银监办发〔2016〕82 号），对信贷资产流转业务中的一种业务模式——信贷资产收益权转让业务作出了具体的规范，明确了收益权转让业务在会计处理、资本和拨备计提、投资者要求、交易规范等方面的监管要求，为收益权转让业务的规范化发展提供了制度保障。其中，不良资产收益权转让业务试点的推行，更是为商业银行特别是中小银行提供了一条不良资产市场化处置的新渠道。

在监管统计制度方面，2016 年 12 月，银监会发布了《中国银监会关于做好 2017 年非现场监管报表填报工作的通知》（银监发〔2016〕55 号），在监管报表体系中新增了《G34 信贷资产转让业务情况表》，将银行业金融机构开展的信贷资产流转业务纳入监管统计口径，进一步强化了集中登记机制的相关要求。

在小微企业贷款流转方面，2017 年 3 月，银监会发布了《中国银监会办公厅关于做好 2017 年小微企业金融服务工作的通知》（银监办发〔2017〕42 号），指出要稳步推进在银登中心合规开展小微企业信贷资产流转和收益权转让业务，鼓励商业银行通过流转平台进行不良资产处置；2018 年 3 月，银监会发布了《中国银监会办公厅关于 2018 年推动银行业小微企业金融服务高质量发展的通知》（银监办发〔2018〕29 号），进一步明确银行在考核"两增"① 目标时，可以将通过信贷资产流转盘活、处置的存量贷款还

---

① 根据银监办发〔2018〕29 号文，"两增"指单户授信总额 1 000 万元以下（含）小微企业贷款同比增速不低于各项贷款同比增速，有贷款余额的户数不低于上年同期水平。

原计算。

在"非标资产"认定方面，2013 年 8 月，银监会发布了《中国银监会关于规范商业银行理财业务投资运作有关问题的通知》（银监发〔2013〕8 号），其中规定未在银行间市场及交易所市场交易的信贷资产属于"非标准化债权资产"（以下简称"非标"或"非标资产"），并对银行理财资金投资"非标"的规模进行了限制。在信贷资产流转业务试点启动后，就该业务的"非标"认定问题，银监会通过多个监管文件进行了补充说明。一是在有关收益权转让业务的银监办发〔2016〕82 号文中提出，银行理财投资在银登中心登记流转的信贷资产收益权产品不计入"非标"统计；二是在 2016 年 11 月发布的银监会农金部《关于 2016 年 3 季度农村银行经营与风险情况的通报》（银监农金〔2016〕25 号）中，明确农村中小金融机构投资购买银登中心流转的不良资产收益权不计入"非标"统计；三是在 2017 年 3 月发布的《中国银监会办公厅关于做好 2017 年小微企业金融服务工作的通知》（银监办发〔2017〕42 号）中，明确银行理财受让在银登中心登记流转的小微企业信贷资产流转产品不计入"非标"统计。

表 3－1　　信贷资产流转业务试点以来发布的监管鼓励性文件汇总

文件	与信贷资产流转业务相关的监管要求	
《中国银监会办公厅关于银行业信贷资产流转集中登记的通知》（银监办发〔2015〕108 号）	集中登记	银行业金融机构开展信贷资产流转业务，即将所持有的信贷资产及对应的受益权进行转让，应实施集中登记。鉴于当前银行业金融机构开展的信贷资产流转规模较大、交易结构复杂多样，应本着先易后难、循序渐进的原则推进集中登记工作。

文件	与信贷资产流转业务相关的监管要求	
《中国银监会办公厅关于银行业信贷资产流转集中登记的通知》（银监办发〔2015〕108 号）	银登中心职能	银行业信贷资产登记流转中心承担信贷资产集中登记职能。信贷资产登记中心应本着为市场服务的宗旨，制定相关登记规则，明确实施细则和操作流程，建立安全、高效运行的技术系统，完善软、硬件设施，充分发挥金融基础设施机构的作用。
《中国银监会关于银行业进一步做好服务实体经济发展工作的指导意见》（银监发〔2015〕25 号）		推进信贷资产证券化和信贷资产流转业务。……推进由信贷资产登记流转中心开展的信贷资产流转业务登记工作，加快信贷资产流转。积极盘活信贷存量，提高资金周转速度。……提高存量资金使用效率，充分盘活沉淀在低效领域的信贷资源。
《中国银监会办公厅关于 2016 年进一步提升银行业服务实体经济质效工作的意见》（银监办发〔2016〕35 号）		银行业金融机构要多措并举盘活信贷存量……在银行业信贷资产登记流转中心相关平台开展信贷资产登记流转业务。探索开展不良资产收益权转让试点。
《中国银监会办公厅关于规范银行业金融机构信贷资产收益权转让业务的通知》（银监办发〔2016〕82 号）	业务要求	（报备办法）银行业金融机构应当制定信贷资产收益权转让业务管理制度；银登中心应当根据银监会相关要求，制定并发布信贷资产收益权转让业务规则和操作流程，并及时报送银监会备案。（报告产品）银登中心应当根据相关要求，制定并发布产品报告流程和备案审核要求；银行业金融机构应当向银登中心逐笔报送产品相关信息。（登记交易）出让方银行应当依照《中国银监会办公厅关于银行业信贷资产流转集中登记的通知》（银监办发〔2015〕108 号）相关规定，及时在银登中心办理信贷资产收益权转让集中登记。

文件	与信贷资产流转业务相关的监管要求	
《中国银监会办公厅关于规范银行业金融机构信贷资产收益权转让业务的通知》（银监办发〔2016〕82号）	风险防范	（资本计提）出让方银行应当根据《商业银行资本管理办法（试行）》，在信贷资产收益权转让后按照原信贷资产全额计提资本。
		（会计处理）出让方银行应当按照《企业会计准则》对信贷资产收益权转让业务进行会计核算和账务处理。开展不良资产收益权转让的，在继续涉入情形下，计算不良贷款余额、不良贷款比例和拨备覆盖率等指标时，出让方银行应当将继续涉入部分计入不良贷款统计口径。
		（拨备计提）出让方银行应当根据《商业银行贷款损失准备管理办法》《银行贷款损失准备计提指引》和《金融企业准备金计提管理办法》等相关规定，按照会计处理和风险实际承担情况计提拨备。
		（理财投资及回购限制）出让方银行不得通过本行理财资金直接或间接投资本行信贷资产收益权，不得以任何方式承担显性或者隐性回购义务。
		（投资者要求）信贷资产收益权的投资者应当持续满足监管部门关于合格投资者的相关要求。不良资产收益权的投资者限于合格机构投资者，个人投资者参与认购的银行理财产品、信托计划和资产管理计划不得投资；对机构投资者资金来源应当实行穿透原则，不得通过嵌套等方式直接或变相引入个人投资者资金。
		（不计入"非标"）符合上述规定的合格投资者认购的银行理财产品投资信贷资产收益权，按本通知要求在银登中心完成转让和集中登记的，相关资产不计入非标准化债权资产统计，在全国银行业理财信息登记系统中单独列示。
	银登中心职责	银登中心应当加强市场监督，并及时报告重要情况。开展业务产品备案审核。审核内容包括但不限于资产构成、交易结构、投资者适当性、信息披露和风险管控措施等。加强市场基础设施建设。完善信贷资产收益权转让相关平台功能，加强软硬件设施建设，保障系统运行的稳定性和连续性。

文件	与信贷资产流转业务相关的监管要求
《中国银监会农村金融部关于2016年3季度农村银行经营与风险情况的通报》（银监农金〔2016〕25号）	鼓励通过银登中心开展不良资产收益权转让，投资购买银行业信贷资产登记流转中心流转的不良资产收益权不计入非标准化债权资产。
《中国银监会办公厅关于做好2017年小微企业金融服务工作的通知》（银监办发〔2017〕42号）	支持银行业金融机构通过多种方式盘活小微企业信贷资源。……稳步推进银行业金融机构在银行业信贷资产登记流转中心合规开展小微企业信贷资产流转和收益权转让业务。 对商业银行理财产品投资小微企业信贷资产流转和收益权转让相关产品，按银监会有关规定在银行业信贷资产登记流转中心完成转让和集中登记的，相关资产不计入非标准化债权资产统计。
	进一步拓宽小微企业不良资产处置渠道。……鼓励银行业金融机构通过银行业信贷资产登记流转中心合规开展小微企业不良资产收益权转让试点，稳步扩大试点银行和信托机构范围；通过信贷资产流转平台，依法合规批量转让符合条件的小微企业不良贷款。
《中国银监会关于提升银行业服务实体经济质效的指导意见》（银监发〔2017〕4号）	在依法合规、风险可控的前提下，支持银行业金融机构开展资产证券化、信贷资产流转等业务盘活信贷资源。
	充分发挥银行业理财登记托管中心、银行业信贷资产登记流转中心、中国信托登记公司等机构的作用，确保相关业务规范透明、风险可控。
《中国银监会办公厅关于2018年推动银行业小微企业金融服务高质量发展的通知》（银监办发〔2018〕29号）	各银行业金融机构可在依法合规、风险可控的前提下，通过信贷资产证券化、信贷资产转让和收益权转让等试点业务盘活小微企业信贷资源，进一步拓宽小微企业不良资产处置渠道。
	对近年完成考核指标良好、小微企业贷款基数大、占比高、户均余额低的银行业金融机构，在考核"两增"目标时，可将其通过信贷资产证券化、信贷资产转让和收益权转让试点、核销等方式盘活、处置的小微企业存量贷款进行还原计算。

（二）业务规则

根据上述监管文件的要求，银登中心制定了一系列配套的业务制度规则，涵盖登记、流转交易、信息披露、市场监测与报告、结算等各个业务环节，进一步提高信贷资产流转市场的规范化程度。

为进一步落实 108 号文要求，银登中心制定发布了《银行业信贷资产流转集中登记规则》，以促进和规范信贷资产流转业务，逐步建立健全我国信贷资产流转登记机制。该《集中登记规则》明确了信贷资产流转登记的含义、银登中心的职责、具体登记内容、开户要求、具体登记方式、登记结果查询以及统计监测等方面，是信贷资产流转集中登记方面的基础规范。

为规范开展信贷资产收益权转让业务，银登中心制定发布了《信贷资产收益权转让业务规则（试行）》和《信贷资产收益权转让业务信息披露细则（试行）》作为 82 号文的配套文件。该《业务规则（试行）》明确信贷资产收益权转让"应当按照监管要求向银登中心提交相关材料进行备案"，并详细规定了五类主要备案材料，还明确了信贷资产收益权转让业务要注意风险管理，尤其是资本计提、会计处理、拨备计提、法律意见等方面要严格按照政策法规、监管要求进行处理。该《信息披露细则（试行）》详细规定了信贷资产收益权转让业务信息披露的具体要求，信托公司和出让方银行作为披露主体，应当通过指定方式，在固定时间内就信贷资产相关信息、资产转让以及重大事项等情况进行信息披露。银登中心对信息披露情况进行监测，未及时进行信息披露或披露信息不完整、不准确的，银登中心将报告银监会处理。

为进一步规范各参与机构信息披露行为，银登中心还制定发布了《信贷资产登记流转业务信息披露指引（试行）》。该《信息披露指引（试行）》规定相关责任主体应当"切实履行信息披露职责，保证信息披露的真实性、准确性、完整性、及时性，不得存在虚假记载、误导性陈述或重大遗漏等情形"；并且对信息披露的内容、格式、途径以及信息披露不当行为及处理方法进行了详细规定，以提高市场透明度、保障相关主体合法权益。

为规范信贷资产银货对付结算业务、防范结算风险、提高结算效率，银登中心制定发布了《银货对付结算业务细则（试行）》。该《结算业务细则（试行）》规定"DVP结算，系指银货两讫的结算方式之一，即在交易达成后，在双方指定的结算日，信贷资产结算和转让资金支付同步进行并互为条件的结算方式"，鼓励市场成员委托银登中心办理DVP结算业务，通过DVP结算方式保障信贷资产流转业务规范、真实开展，避免虚假转让。

除此之外，银登中心制定发布了《信贷资产登记操作规则》《信贷资产登记核对规范》《流转结果登记业务办理流程》等登记有关规则，以进一步强化信贷资产流转的集中登记，落实监管部门要求。银登中心还制定发布了《信贷资产流转业务操作规则（试行）》《信贷资产收益权转让业务操作规程》《信贷资产流动性促进业务试点规则》等流转交易有关规则，以规范市场机构转让行为，保障信贷资产流转业务合规开展。

表 3 – 2　　　　　　　　　信贷资产流转业务规则列表

落实监管要求	文件	文号	适用业务
集中登记	银行业信贷资产流转集中登记规则	银登字〔2015〕9 号	全部
	关于《银行业信贷资产流转集中登记规则》实施工作的通知	银登字〔2015〕10 号	全部
	银行业信贷资产登记流转中心信贷资产登记核对规范	银登字〔2017〕17 号	全部
	银行业信贷资产登记流转中心信贷资产登记操作规范	—	全部
	银行业信贷资产登记流转中心流转结果登记业务办理流程	—	全部
规范流转	银行业信贷资产登记流转中心信贷资产收益权转让业务规则（试行）	银登字〔2016〕16 号	收益权
	银行业信贷资产登记流转中心信贷资产收益权转让业务操作规程	银登综字〔2016〕2 号	收益权
	银行业信贷资产登记流转中心信贷资产流转业务操作规则（试行）	银登字〔2018〕7 号	全部
	银行业信贷资产登记流转中心货银对付结算业务细则（试行）	—	全部
	银行业信贷资产登记流转中心信贷资产流转流动性促进业务试点规则	银登字〔2018〕24 号	全部
信息披露	银行业信贷资产登记流转中心信贷资产登记流转业务信息披露指引（试行）	银登字〔2018〕6 号	全部
	关于按照信贷资产登记流转业务信息披露要求提交信息的通知	银登字〔2018〕10 号	全部
	银行业信贷资产登记流转中心信贷资产收益权转让业务信息披露细则（试行）	银登字〔2016〕16 号	收益权

（三）市场化主协议

《信贷资产登记流转业务主协议》是由银登中心牵头组织市场机构制定并向市场成员公开发布、明确流转主体及相关各方权利义务、规范信贷资产登记流转业务的法律文件，信贷资产流转业务的流转主体均须签署《信贷资产登记流转业务主协议》，并在业务开展过程中严格遵守相关约定。

自 2017 年 12 月起，由中国农业银行、中国建设银行、中国民生银行、平安银行、江苏银行、南京银行、廊坊银行、平安信托、华能贵诚信托和银登中心、中伦律师事务所共同组成修订起草工作组，对《信贷资产登记流转业务主协议》进行修订。本次修订工作共历时半年有余，修订起草工作组进行了数轮市场调研、内部讨论和工作组会议，对相关反馈意见进行了修订及解释，之后又履行了公证、网站公示等法律程序，最终《信贷资产登记流转业务主协议（2018 年 6 月修订版）》于 2018 年 7 月 12 日正式生效。

本次修订工作是在 2013 年和 2016 年两版《信贷资产登记流转业务主协议》的基础上进行的，《信贷资产登记流转业务主协议（2018 年 6 月修订版）》有四点内容最为突出：一是加强了与监管精神的协同，对信贷资产转让应当遵循的真实性、洁净转让等监管要求进行了补充和强调；二是提升了业务标准化水平，明确信息披露等相关要求，明确估值定价、流动性机制的建立与完善，增加结构化信贷资产流转业务的相关安排；三是推动了实现标准合同文本的系统内嵌工作，鼓励市场成员采用内嵌文本并在线上达成转让协议等法律文件的签署；四是进一步强化了《信贷资产登记流转业务主协议》的效力，明确约定《信贷资产登记流转业务主协议》、成交确认书及转让协议（作为成交确认书附件）共同构成一次交易的完整法律文件。

修订后的《信贷资产登记流转业务主协议》更加适应相关监管要求，符合流转业务开展经验，可以配合标准文本"内嵌"、

"线上"签约等最新举措，保障其法律效力，有利于提高信贷资产流转市场的标准化水平，保护市场参与者权益，防止虚假转让，确保信贷资产流转遵循真实转让、洁净转让的要求。

三、中国信贷资产流转市场的发展概况

我国信贷资产流转市场经过近几年的规范化发展，在投资者群体、业务模式、业务流程、中介服务、基础设施建设等方面都取得了一定成绩，为市场的进一步健全奠定了良好的基础。

（一）已培育了一支专业化的机构投资者队伍

自信贷资产流转业务试点以来，各类机构投资者积极参与，流转市场已初步形成商业银行为主、非银行机构与各类资管产品共同参与的多元化投资者结构。根据银登中心掌握的集中登记数据，截至2018年末，在银登中心开立信贷资产登记流转账户的参与机构累计2 824户，其中机构类账户1 529户，包括各类商业银行、金融资产管理公司、金融租赁公司、消费金融公司及证券业金融机构等；产品类账户1 295户，主要包括银行理财计划、信托计划、券商资管计划等各类非法人产品（见表3－3）。

表3－3　　　　信贷资产流转业务的主要交易主体类型

机构类	银行机构	政策性银行、大型银行、股份制银行、城商行、农商行、外资银行等
	银行业非存款类金融机构	金融资产管理公司、金融租赁公司、信托公司、消费金融公司、财务公司、小额贷款公司等
	非银行业金融机构	证券公司、基金公司、保险公司、保理公司等
	非金融机构	各类工商企业
产品类	银行理财计划、信托计划、券商资管计划（受托人为证券公司、基金子公司、保险公司等）、私募基金等	

　　从出让方角度来看，商业银行是信贷资产的主要转出方，城商行、股份制银行、农村商业银行、国有商业银行、政策性银行均积极参与信贷资产流转市场。截至 2018 年末，城商行转出信贷资产的规模在全市场中占比约 39%，股份制银行转出金额占比约33%，大型银行的转出金额在全市场中占比为 4% 左右。形成这种格局的主要原因是中小银行近年来业务发展较快，因而在资本充足率、贷款规模上面临一定的压力，盘活存量资产的需求较大；而大型银行的监管指标空间相对充裕，再加上其内部管理更为严格、流程偏长，在信贷资产流转业务的监管政策尚不完备的情况下，业务开展相对审慎。当然，随着未来信贷资产流转相关监管制度的逐步完善，大型银行的参与程度也将得到进一步提高。

　　从受让方角度来看，信贷资产流转市场的投资者群体呈现多元化特点，包括银行自营、银行理财、券商自营/资管、信托计划、

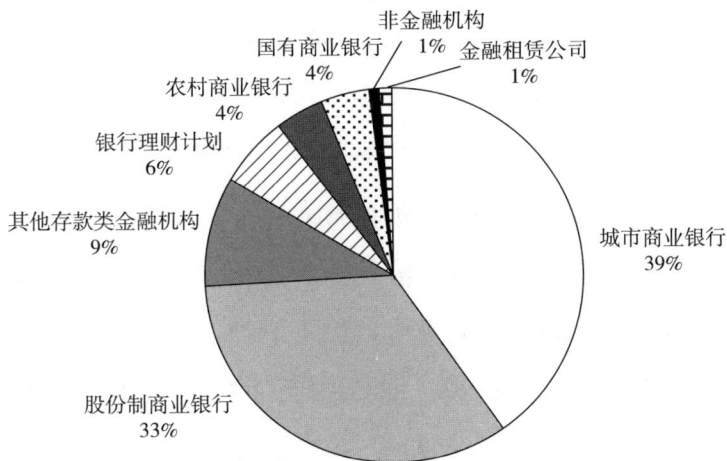

图 3 - 1　信贷资产流转业务出让方结构

保险公司、非金融机构等。截至 2018 年末，银行自营受让资产的规模占比约45%，银行理财受让金额占比约36%，非银行机构受让金额占比约为 19%。此外，银行自营中，中小型银行是主要的投资方，借流转业务进一步拓宽了获取优质信贷资产的渠道，实现降低资产集中度风险和提高资金使用效率的目的，目前股份制银行、城商行受让资产的规模占比均为18%（见图3－2）。

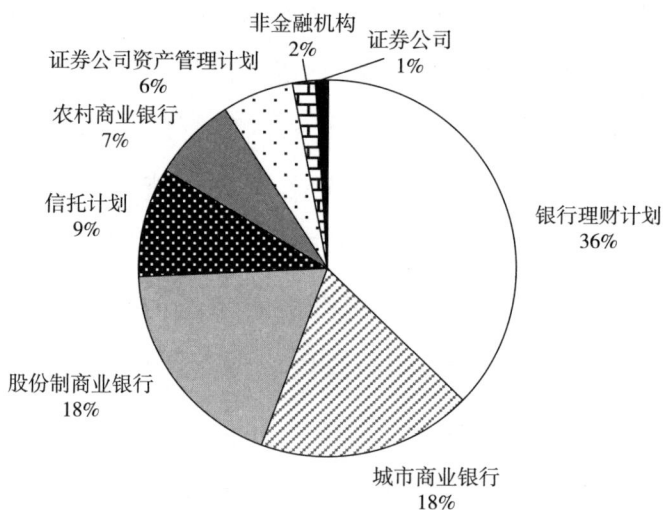

图3－2　信贷资产流转业务投资者结构

（二）已探索出一些成型的业务模式

经过4年多的探索实践，信贷资产登记流转业务已经形成了一些较为成熟的业务模式，主要包括以下三类。

一是债权直接转让模式，即 A 银行直接将其表内已发放形成的信贷资产转让给 B 银行（见图3－3）。该模式交易结构简单、效率高、成本低，具有市场需求，也是国外成熟信贷资产流转市场的主要业务模式。银监发〔2010〕102 号文等一些文件规定贷款债权的直接转让还需要征得借款人、担保人同意，且转让后受让方需要与借款人重签贷款协议，因此在实践中操作难度较高，现阶段业务开展规模有限。

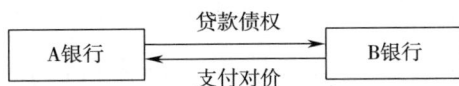

图 3 – 3 债权直接转让模式

二是信贷资产收益权转让模式，即商业银行将其持有的信贷资产收益权（获取信贷资产本金、利息和其他收益的权利）转让给资金信托计划，最终投资人通过投资资金信托的方式间接投资于信贷资产收益权（见图 3 – 4）。其中，资金信托计划可做优先、劣后的结构化分层处理，出让方银行可以自持部分或全部劣后级。

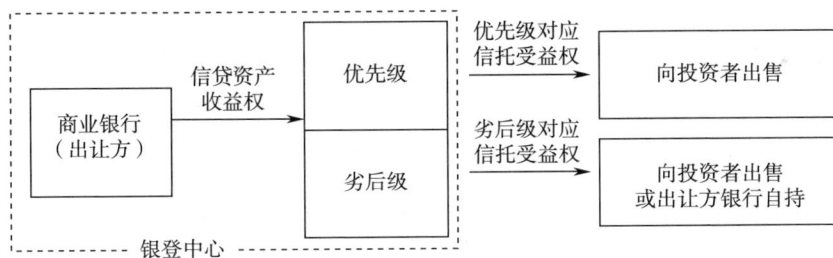

图 3 – 4 信贷资产收益权转让模式

该类业务模式受银监办发〔2016〕82 号文明确规范，出让方可根据向外实际转移风险和报酬的情况确定可以转出资产负债表的资产比例，但须按转出前的信贷资产原规模全额计提风险资本，即"会计出表、监管资本不出表"。这使该业务模式对正常类贷款流转的吸引力有限，实质上为银行提供的是一种处置不良资产的创新途径。出让方开展不良资产收益权转让业务后，可以有效改善不良贷款余额、不良率、拨备覆盖率等指标，目前已开展的业务试点效果明显。

三是信托受益权转让模式，即 A 银行以其发放的正常类贷款委托信托公司设立财产权自益信托，再将自己持有的该信托受益权转让给投资人（该业务模式在日本信贷资产流转市场中也存在）（见图 3－5）。信托受益权的转让既可以是平层转让，也可以是进行优先、劣后的结构化分层后转让。

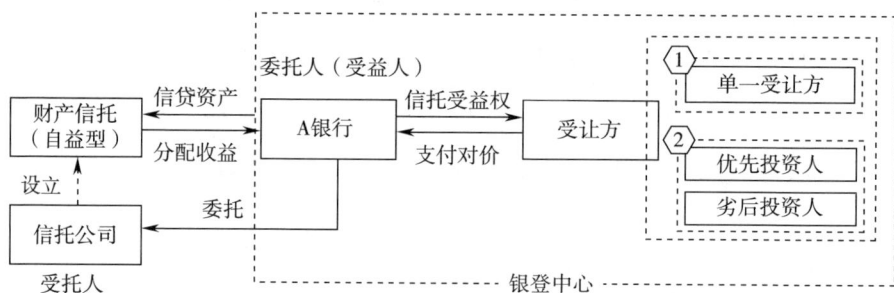

图 3－5　信托受益权转让模式

信贷资产对应的受益权转让系银监办发〔2015〕108 号文所要求登记的流转业务模式。该业务模式实现了存量表内贷款的流转，与直接转让债权模式相比具备几点优势。一是通过信托结构实现了信贷资产与出让方银行的破产隔离；二是满足了银行批量转让贷款的需求，可以将多笔信贷资产打包后转让；三是按照"资管新规"［《关于规范金融机构资产管理业务的指导意见》（银发〔2018〕106 号）〕要求，资管产品可以参与信贷资产受益权的投资，因此信托受益权转让有助于在流转业务中引入社会资本，实现银行风险的转移和分散。由于上述优势，该模式是目前市场机构开展信贷资产流转的主流模式。

根据银登中心掌握的集中登记数据，信托受益权是当前市场中最主要的交易标的，截至 2018 年末的流转金额占比为 91%，资管计划收益权占比 5%，信贷资产债权直接转让占比 2%，信贷资产收益权转让同样占比 2%，其中大部分为不良资产收益权转让业务，也有少量资本充足率较高或不涉及资本占用问题的机构选择开展正常类贷款的收益权转让业务。从产品层面看，结构化分层产品可通过现金流偿付顺序安排实现风险收益的重组，受到投资者青睐。

（三）各类中介服务机构已开始积极参与市场服务

目前，银行等机构在开展信贷资产登记流转业务时，已经开始引入包括评级机构、会计师事务所、律师事务所在内的各类中介机构为其提供中介服务，出具专业的第三方意见，在降低信息不对称性、提高交易效率、推动业务的透明化和规范化方面发挥了积极作用。由于流转市场中对信贷资产的相关信息进行了充分登记，且市场参与者绝大多数为有风控能力的专业金融机构，因此目前对于一些结构简单、风险较低的流转产品（如平层的正常类信贷资产流转产品），并未强制引入第三方专业意见，交易双方可根据实际需求自主选择。

（四）信贷资产跨境转让业务进行了有益探索

2016 年 12 月，经当地银监局与外管局批准，深圳前海金融资产交易所推动落地国内首单不良贷款跨境转让业务，并根据监管要求通过银登中心办理了相关资产的登记与流转。2017 年 6 月，

《国家外汇管理局关于深圳市分局开展辖区内银行不良资产跨境转让试点业务有关事项的批复》（汇复〔2017〕24号）正式发布，境内银行均可按照该政策向境外的机构投资者转让不良资产，交易币种不限。

（五）信贷资产流转市场金融基础服务设施（银登中心）不断完善

银行业信贷资产登记流转中心有限公司（以下简称银登中心）是经财政部同意、银监会批准成立的金融基础设施服务机构，于2014年8月正式挂牌成立，注册资本3.5亿元，股东为中央国债登记结算有限责任公司、中国农村金融杂志社。银登中心在业务上接受银保监会监管，其经营范围为：信贷资产及银行业其他金融资产的登记、托管、流转、结算服务，代理本息兑付服务，交易管理和市场监测服务；金融信息服务和有关的咨询、技术服务；银保监会批准的其他业务。

作为市场基础设施，银登中心以促进信贷资产流转业务统一标准、规范流转、高效运作、有序发展为重要目标，从备案审核、集中登记、交易结算、信息披露、估值定价与流动性、标准文本以及统计监测等方面着手全面提升服务能力，持续服务银行业金融机构，助力金融监管，为维护金融稳定提供重要保障。具体职能如下。

1. 履行备案审核职能

根据银监办发〔2016〕82号文的要求，银登中心负责信贷资产收益权转让相关业务的备案审核工作，牵头组织来自市场机构及会计、法律专业机构的外部专家形成专家库，对每单收益权转让业务均随机抽取评审专家组成评审委员会，从交易主体、基础资产、交易结构、信息披露、监管指标等方面对业务合规性进行严格审核，只有通过审核的业务才能通过银登中心办理登记流转。通过备案审核机制，有助于发现和抑制流转交易中可能存在的抽屉协议、虚假出表、互买互卖、多层嵌套等问题，最大限度地确保了流转业务符合国家政策与金融监管的相关要求。银登中心还针对小微企业贷款、"三农"信贷、绿色信贷、"一带一路"项目贷款等提供绿色通道服务，精简流程，提升效率。

2. 承担信贷资产集中登记职能

银监办发〔2015〕108号文明确规定，由银登中心承担信贷资产流转业务的集中登记职能，银登中心据此发布了《银行业信贷资产流转集中登记规则》，对信贷资产登记进行了详细、规范的要求。由于过去市场机构开展流转业务时存在一些乱象，银登中心以"边介入，边治理"的思路来履行登记职能，一方面通过事后登记摸底市场情况、了解业务模式；另一方面逐步引导市场机构在流转之前即通过中心办理事前登记，并在登记时对不合规的交易结构（如多层嵌套）、底层资产（如资金投向政策限制性行业领域）等进行过滤拦截。

在实际登记操作中，出让方须在交易前对交易标的及其基础资产的详细要素信息进行逐笔登记，将所有相关合同文本（如贷款合同、借款凭证、担保合同、信托合同等）扫描上传，并以登记账务作为持有资产数量的证明，为后续的交易、结算及监管监测等奠定了基础。同时，登记机制亦可进一步延伸为对资产存续期内的持续跟踪、管理，从而为资产的多次流转创造条件。

3. 规范交易与结算流程

银登中心通过业务系统提供线上转让交易服务，实现了业务的电子化运作，使得交易信息全程可监控、可追溯，有利于维护交易各方的合法权益。2018 年 3 月，银登中心制定并发布《银行业信贷资产登记流转中心货银对付结算业务细则（试行）》，对业务流程与操作进行了规范；同时正式上线资金系统，持续加强货银对付结算业务（DVP）的推广与应用。

DVP 结算的优势在于：一是能够实现资金与资产的同步交割，杜绝虚假交易；二是系统可自动监测资金流向，提高结算效率，保证汇划过程高效、及时；三是保证交易双方地位平等，最大程度降低交易风险。目前，银登中心为交易双方提供 DAP 和 DVP 两种结算方式，同时加强业务培训与市场宣传，持续推广 DVP 结算，保证交易与结算流程的规范性与安全性。

4. 提高市场透明度、保护投资人权益

银登中心不断建立健全信息披露机制，发布了《信贷资产流转业务信息披露指引（试行）》《信贷资产收益权转让业务信息披露细则（试行）》，对交易各方的信息披露提出规范要求，提供网站、业务系统等多元信息披露渠道，构建覆盖流转业务全生命周期的信息披露机制安排，大大降低了流转市场中的信息不对称性。同时，为提升交易透明度，银登中心搭建了信贷资产流转平台，通过线上系统提供协议转让和挂牌转让两种方式的交易功能，买卖双方可以选择"常规报价"或"竞争性报价"两种方式，通过规范、透明的报价成交流程达成交易。

5. 提升市场流动性，推动公允价格形成

银登中心已与中债金融估值中心建立战略合作关系，为信贷资产流转市场引入第三方估值定价体系，自 2018 年 8 月份开始，逐日连续发布信贷资产流转产品的估值定价结果，为市场参与机构提供价格参考。这标志着信贷资产流转市场的公允定价机制已初步建立，将有助于促进贷款二级市场公允价格形成，并建立起贷款一二级市场的价格传导机制，从而推动信贷资产流转市场的流动性进一步提升。

中债银登估值

估值日期：　——				资产代码：			查询	重置	
序号	日期	资产代码	资产简称	原始权益人	预期收益率(%)	评级公司资产评级	剩余期限(年)	剩余期限(年)类型	估值全价(元/百份)
1	20190531	01800289	悦微2018年第四期优先A3	浙江网商银行股份有限公司	6.5	AAA	0.1534	按照预期到期日计算	27.6286
2	20190531	01800290	悦微2018年第四期优先B	浙江网商银行股份有限公司	6.55	AA+	0.1534	按照预期到期日计算	100.2146
3	20190531	01800295	微车贷2018年第二期优先C	深圳前海微众银行股份有限公司	7.9	A+	1.3945	按照预期到期日计算	101.3508
4	20190531	01800295	微车贷2018年第二期优先C	深圳前海微众银行股份有限公司	7.9	A+	3.8082	按照法定到期日计算	101.3508
5	20190531	01800296	微车贷2018年第二期优先B	深圳前海微众银行股份有限公司	6.7	AA+	1.2274	按照预期到期日计算	101.456
6	20190531	01800296	微车贷2018年第二期优先B	深圳前海微众银行股份有限公司	6.7	AA+	3.8082	按照法定到期日计算	101.456
7	20190531	01800297	微车贷2018年第二期优先A	深圳前海微众银行股份有限公司	6.25	AAA	1.0603	按照预期到期日计算	41.9636
8	20190531	01800297	微车贷2018年第二期优先A	深圳前海微众银行股份有限公司	6.25	AAA	3.8082	按照法定到期日计算	41.9636
9	20190531	01800313	悦微2018年第五期优先A3	浙江网商银行股份有限公司	6.5	AAA	0.1534	按照预期到期日计算	56.2395
10	20190531	01800314	悦微2018年第五期优先B	浙江网商银行股份有限公司	6.55	AA+	0.1534	按照预期到期日计算	100.2146

图 3 - 6　中债银登估值

此外，为完善信贷资产流转二级市场，银登中心积极引入市场力量，不断与市场机构共同探索建立信贷资产流转业务的流动性促进机制，市场机构可自主选择成为流动性促进机构，为信贷资产流转产品提供流动性促进服务，在约定的时间进行公开的双边、单边报价，并按其报价与其他合格市场参与主体达成交易，以完善价格发现机制，提高市场流动性。同时，银登中心还建设了金融资产买卖需求集散平台，供交易双方自由发布、查阅资产买卖需求意向，为市场参与机构拓展交易信息的广度与深度，缓解交易信息不对称问题，从而提升市场信息透明度，优化资金与资产的配置效率。

6. 推动相关法律文本标准化

自成立以来，银登中心积极推动信贷资产流转市场制度建设，推动相关法律文本标准化建设，出台相关业务规则，牵头组织市场成员起草了《信贷资产登记流转业务主协议》及标准合同文本，并进行了两次修订更新。

信贷资产流转业务标准合同文本共计有 8 份法律文本，其中《债权转让协议》《债权收益权转让协议》《信托受益权转让协议》已经内嵌于银登中心业务系统，供交易双方线上签署使用，有利于市场成员规范开展业务，促进交易流程的标准化，并通过把"电子化签署"植入现有的交易流程，使之前私下签署抽屉协议的行为无所遁形。其余的 5 份法律文件为参考文本，鼓励交易双方使用，包括 3 份《资产服务合同》（分别适用于信贷资产债权转让业务、信贷资产收益权转让业务、信贷资产信托受益权转让业务）以及信托文件的《定义表》和《信托合同》。

标准合同文本的起草修订，符合国外贷款交易市场的先进经验，有利于降低交易双方反复沟通磋商成本，提高市场机构内部审查审批流程效率，节约交易时间，从而进一步提高市场效率和规范化水平；更有利于严格落实监管政策要求，防范虚假出表、抽屉协议等私下违规的交易行为，促进信贷资产流转业务的阳光化、规范化和透明化发展。

7. 完善统计监测安排

作为监管支持机构，银登中心始终致力于以统计监测为重要抓手做好监管服务工作，通过实时跟踪市场业务走势，深入开展市场研究分析向监管部门报送及时、准确的统计监测数据，便于监管掌握信贷资产流转市场的全貌，为其开展业务检查与稽核等监管工作提供支持。为此，银登中心已开发完成信贷资产流转集中登记统计监测系统，监管部门可通过该系统随时查询信贷资产登记流转业务的统计数据及逐笔业务明细。未来银登中心还会持续推进统计监测服务的完善升级，建立并优化灵活式、定制化的业务报表体系，满足更加精细化、个性化的监管工作需求。

四、中国信贷资产流转市场的问题分析

虽然我国信贷资产流转市场近年来取得了稳步发展，在盘活存量信贷资产、支持实体经济方面发挥了一定的积极作用，但是与国际成熟市场相比，我国市场仍处于发展初期，因而不可避免地存在一些问题。

（一）关于信贷资产流转意义的认识还有待提升

根据国际经验，鼓励银行信贷资产流转已成为银行业和监管部门的共识，美国、欧洲都有较为完善的信贷资产流转市场。相对于欧美，中国是间接融资为主的国家，截至 2018 年底银行贷款的规模已达到 136.9 万亿元，在我国社会融资规模存量中占比接近70%，因此实体经济受巴塞尔协议的影响更大。我国银行业是巴塞尔协议的积极推动者，但银行业资本不可能持续增加，实体经济又主要依靠银行融资，因此，只能通过信贷资产流转等途径把银

行业一部分资产和风险转移出去。同时，通过信贷资产流转盘活银行存量资产，可提升银行发放贷款的意愿与能力，降低企业融资成本，增加银行向实体经济——特别是小微企业等经济社会重点领域和薄弱环节的资金投放，而又无须增加货币供给，是平衡"稳增长、控总量、调结构"等目标的重要抓手。

对于信贷资产流转市场能够发挥的作用，最高层领导已有非常清楚的认识。2015 年 4 月，李克强总理在银行机构考察时指出："金融机构要以改革的方式，着力解决融资难、融资贵问题……通过信贷资产证券化、贷款流转等方式盘活存量资金……引导更多资金投入实体经济，使金融与实体经济共享发展红利。"这一指示包含两个层面的意思：一是信贷资产流转业务是和信贷资产证券化业务并列的两种盘活存量的方式，这一点在国家对于金融体系的顶层设计中得到了认可；二是信贷资产流转的目的和作用在于服务实体经济，解决实体经济融资难、融资贵的问题，这是发展信贷资产流转市场的出发点和落脚点。

虽然顶层设计明确，市场反应积极，但对于应不应该发展、怎样发展信贷资产流转业务的问题，包括监管系统、金融体系在内的社会各界的认识和理解尚未完全形成一致。因此，尽快解决顶层设计与执行落实层面之间不匹配的问题、统一各方面的认识至关重要。

（二）流转市场的相关监管政策有待进一步完善

近年来，监管部门为支持信贷资产流转市场的发展，先后出台了一系列政策支持性文件，但部分银行反映，其在开展流转业务的过程中仍存在一些监管上的不明确或限制因素。

一是尚未出台针对信贷资产流转业务的框架性引领文件。信贷资产流转市场中已有的支持性政策散落在不同的监管文件中，缺乏一个框架性、整体性的引领文件对市场提出整体性的监管要求。因此，部分类别的信贷资产流转业务仍缺乏明确的政策依据，其业务流程、交易结构等问题虽在市场层面已基本形成一致意见，但尚未获得监管文件的正式认定。因此一些银行出于谨慎的考虑，无法将流转业务作为银行内部的常规化业务来开展，虽需求迫切但也只能保持观望。

二是过往的一些限制性政策需要进一步调整。银行目前开展流转业务受到银监发〔2010〕102号文等文件的监管。其中信贷资产必须整体转让、征求借款人及保证人同意、信贷资产的转入方须与借款人重新签订协议等规定，大大增加了信贷资产转让的难度和成本，转让业务可能因借款人或保证人的拒绝而无法完成，重签协议也使卖方银行面临丢失客户的风险，在实际操作中几乎不可能照此操作。我国《合同法》第八十条规定，"债权人转让权利的，应当通知债务人"，并未要求债权转让前须征得借款人、保证人同意，转让后须重签协议。而从欧美市场的监管安排来看，也均没有要求重签贷款合同，或贷款债权转让时必须征得原债务人或担保人同意的做法。

三是资本计提、会计税收等配套制度有待明确。信贷资产流转市场仍在探索发展初期，相关配套制度也不尽完善。目前信贷资产流转业务在资本计提方面尚无明确监管要求（除银监办发〔2016〕82号文要求信贷资产收益权的出让方全额计提资本外），特别是信贷资产流转结构化产品是否能够比照《商业银行资本管理办法》（银监会令〔2012〕1号）附件9中有关资产证券化业务的资本计提的相关要求进行处理，目前各方意见并不统一。在会计及税收方面，由于相关主管部门并未发布针对信贷资产流转业务的管理文件，银行在实际处理过程中也面临一定的困难，如对于不良资产收益权折价转让时，折价部分的税前抵扣问题，不同地方的主管部门认定并不一致，银行自行沟通的成本和难度较高。

（三）市场投资者群体结构相对单一

从欧美市场的对比经验可以看出，投资主体的多元化有利于分散银行体系内部集聚的风险，扩大投资者群体范围，并有效提升市场的交投活跃度。然而，目前我国信贷资产流转市场的参与者仍以银行体系为主，银行体系内大型银行的参与程度也明显低于中小型银行。这一方面造成了投资者群体结构失衡，市场需求同向性特征明显，资产荒和资金荒交替出现；另一方面也导致风险过多集中于银行体系内，流转市场的作用未能得到充分发挥。

同时，作为流转市场最主要的非银投资者群体，各类资管产品及非银机构投资信贷资产的具体规则尚不明确。银行理财、信托、券商资管计划等资管产品及保险公司等非银机构是金融市场中除银行外最重要的资金来源。虽然"资管新规"第十一条规定，"（资管产品投资）商业银行信贷资产受（收）益权的投资限制由金融管理部门另行制定"，但目前资管投资于信贷资产流转产品的具体政策与规则尚不明晰。这使银行理财等社会资金参与信贷资产流转投资面临一定的不确定性，无法大规模、常态化地参与到信贷资产流转市场中来，影响了多层次投资者群体的构建，在一定程度上削弱了信贷资产流转吸收社会资本、分散银行体系风险的效用。

从投资者角度看，信贷资产流转市场的发展需要具备两个条件：一是出让方和受让方存在风险偏好的差异；二是参与交易的机构在数量上达到一定规模。国外信贷资产流转市场投资机构数量庞大，风险偏好差异明显，涵盖基金、资产管理公司、信托等各类型投资者。而目前国内信贷资产流转市场投资者仍以银行为主（包括自营和理财），参与者群体多元化程度低、同质化程度偏高、风险偏好差异不显著，可能导致信贷资产流转市场流动性不足，不利于信贷资产流转市场的长远发展。

（四）部分流转业务及产品模式受限

一是债权直接转让的业务模式受限。直接转让债权是最为简单、直接的信贷资产流转业务模式，也是欧美市场中最普遍的交易方式。但如前文所述，由于银监发〔2010〕102号文等监管文件的存在，市场机构开展债权直接转让业务受到较大限制，只能通过信贷资产收益权、信托受益权等相对复杂、成本较高的业务模式进行交易。

二是银团贷款的流转交易存在一些困难。作为欧美信贷资产流转市场中的重要交易品种，银团贷款的流转在国内仍处于探索阶段。目前我国银团贷款余额已达7万亿元，占全部对公贷款的10%左右，潜在流转需求庞大。但在现有政策框架下，银团贷款的转让交易面临着较多困难，发展十分缓慢。一方面，根据银监发〔2010〕102号文，银团贷款转让需要满足贷款转让时"重签协议""征求借款人同意""整体转让"等要求，这些约束使银团贷款的流转涉及主体较多，操作难度很大，不仅涉及出让方，还关系到受让方与银团贷款成员行之间的关系、受让方与代理行的关系等；且银团贷款普遍应用于国家重大项目和客户大额贷款上，规模一般较大。对于这些大额银团贷款，整体转让的规定使出让方在寻找与自己具有同等贷款承接能力的同业时面临很大困难，转让难以开展。另一方面，在"整体性"转让要求下，银团贷款转让时要将银团贷款合同项下已发放的贷款资产和尚未发放的贷款承贷额一并转让，这又导致不具备贷款发放资格的机构投资者无法参与受让，银团贷款转让大多只能在银行间开展，进一步限制了银团贷款的投资者范围。

（五）市场配套机制与中介服务机构有待完善

信贷资产流转业务是一个专业性较强的新兴金融领域，相关的市场配套机制与中介服务机构还有待完善。

一是信贷资产流转市场中第三方信用评级发挥的作用较为有限。目前我国信用评级市场尚不完善，刚性兑付并未打破，不同信用评级的资产之间信用利差很小，估值定价存在一些误区。在数据积累上，国内的资产评级机制也不够完善，欧美几大评级机构已经积累了大量的信用违约案例、数据、模型用于评级定价，而国内市场由于发展时间较短，市场能够提供的数据支持和参考相对有限。因此市场各方在交易定价、信用风险评估方面普遍面临一定的困难，市场中信息不对称的问题较为突出，不利于市场公平性和价格透明度的提升。

二是信贷资产流转市场的估值定价机制已初具雏形，但仍需进一步发展完善。目前市场上已引入中债金融估值中心有限公司作为第三方估值定价机构，根据信贷资产流转产品穿透至逐笔底层资产的明细数据编制"中债银登估值"，领先于 ABS 等产品。目前估值结果已覆盖50余只产品并面向全市场逐日发布。但是相对于全部信贷资产流转业务而言，目前估值产品覆盖率较低，部分已发布的估值产品也尚未完全穿透到底层资产数据，信贷资产流转市场公允价值体系建设仍待完善。

三是作为一个场外交易市场，目前信贷资产流转市场缺乏一套有效的流动性促进机制。市场投资者主要还是以持有至到期的方式参与投资，多次流转（投资者受让信贷资产后再次转出）的情况仍不多见，这意味着受让方难以再次进行转出操作，流转过一次的信贷资产的流动性依然较差。同时，部分期限较长的信贷资产（如PPP贷款等）的流转也相对困难。

四是目前市场缺乏独立、公允、高效的第三方管理与信息中介机构。市场中缺少专业的第三方资产管理机构，底层资产的管理催收目前只能由初始出让方（贷款发放行）实施，现金流由原始权益人转付，其他机构难以接手。同时，缺少提供资产信息与交易信息的信息管理平台，影响了信贷资产违约数据的积累、风险定价和多次流转的实现。

五是目前信贷资产流转市场中缺乏有效的风险对冲工具，如CDS等信用风险缓释工具。这使受让方承担的信用风险无法被合理对冲或分散，增大了交易的不确定性，也在一定程度上导致目前市场流动性较差，尤其是部分结构化产品的劣后部分转让难度较大。一方面，银行自营投资者投资劣后的资本计提要求较高，在没有风险对冲的情况下，极少机构的银行自营资金会选择投资劣后端；另一方面，资管资金的风险承受能力较低，一般也不投资风险相对较高的劣后部分，且其投资劣后可能会面临一定的政策限制。

◆◆ 专题 4 ▊▊▊▊▊▊▊▊▊▊▊▊▊▊

银行参与信贷资产流转业务的典型案例

一、网商银行：支持小微企业，践行普惠金融

浙江网商银行作为首批获银监会批准设立的试点民营银行之一，是一家以互联网为平台、定位于普惠金融、按照"小存小贷"模式经营的创新型银行，专注于向小微企业、个人经营者和农户提供纯信用、随借随还的小额贷款服务。网商银行积极采用创新金融科技、全方位提升小微服务能力，开创了"310"小微企业贷款数据化、线上化的风控运营模式，即三分钟申贷，一秒钟放款，零人工介入，大幅降低了信贷成本，让小额、分散的普惠金融具备商业可持续性。网商银行在金融支持小微企业方面取得了显著成绩。截至 2017 年 6 月末，网商银行已累计向小微企业发放贷款 2 301 亿元，累计服务小微企业客户数 366.8 万户，户均贷款余额仅 1.88 万元，不良率仅约 1%。对淘宝、天猫店主获贷前后销售额的对比统计显示，店铺获贷后的销售额比获贷前三个月销售额平均高出 7.8%。

网商银行在为小微企业等提供金融支持的过程中，主要面临以下两方面的问题。一是负债来源单一，网商银行是一家纯线上运营的互联网银行，银行账户只能提供二类账户服务，一般性客户存款来源有限，负债主要依靠同业存款，开业后的最初一年，网商银行主要通过拓展同业客户、吸收同业存款来满足小微客户融资需求；二是资本充足率压力大，网商银行注册资本金为 40 亿

元，随着小微客户融资需求的快速增长，银行的资本充足率不断下降，开业一年后，到 2016 年 6 月末，资本充足率已经下降至约 12.4%，资本约束开始显现，资本、资金的短板与旺盛的小微企业融资需求之间的矛盾日益突出。要为小微企业持续提供 7×24 小时的融资服务，网商银行意识到，必须要走轻资本、交易型和平台化的发展道路。

在银监会相关政策的引导下，2016 年 8 月，网商银行开始启动信贷资产流转业务，组建了由结构化融资、资产负债管理、法务、财务、合规和技术、清算等前、中、后台部门组成的专门项目组，负责信贷资产流转业务的全流程管理。2016 年 12 月，依托于大股东蚂蚁金服所积累的技术优势，网商银行上线信贷资产流转内部管理平台，建立了系统化、参数化和透明化的资产转让全生命周期管理系统。该行还设计了"自益财产权信托＋转让信托受益权"的交易结构，即网商银行作为出让方，以其所拥有的贷款债权作为信托财产设立自益财产权信托，将取得的信托受益权作为流转标的通过银登中心信贷资产流转平台转让给投资者。同时，结合受让方对于资本、风险的接受程度，对信托受益权进行了结构化分层，分为优先 A、优先 B 和次级三档，以满足不同投资者的风险和资本偏好。

2017 年 4 月 27 日，网商银行在银登中心开展了第一单小微企业信贷资产流转业务，此后网商银行持续推进信贷资产流转业务，将其作为优化管理资产负债表的常态化工具。至此，网商银行差不多一半的表内贷款实现了流转，腾出了规模，解决了资本约束和规模约束问题。由于银登中心平台规范、标准、透明，再加上网商银行小微企业贷款具有小额、分散、收益率较为合理的特点，因此其贷款对应的信托受益权作为流转标的受到了众多受让方的认可和欢迎，投资者中约85%为银行机构。

通过信贷资产流转，网商银行在满足资本、资金和流动性管理要求的前提下提升了自身普惠金融的服务能力，也使其他银行通过投资流转标的间接地参与到支持小微企业的行动中，是一个多赢的案例。

二、南京银行：盘活存量资产，服务实体经济

南京银行贷款业务一直保持稳步发展，有效对接实体经济融资需求。2017年上半年末，南京银行表内贷款余额超过3 500亿元，其中对公贷款余额2 899.78亿元，较年初增加204.37亿元，增幅7.58%；小微企业贷款余额1 327.05亿元，较年初增长177.87亿元，增幅15.48%。

近年来，南京银行一直积极参与资产流转，通过流转盘活存量信贷，并释放信贷额度，主要原因在于以下两个方面：一是区域经济活跃，融资需求旺盛，而额度相对有限。南京银行目前共有17家分行，主要集中在长三角区域，区域经济发展优势明显，金融活动活跃，社会和企业融资需求旺盛，而每年新增合意贷款规模相对有限，南京银行存贷比不足50%，存在供需缺口；二是践行轻资本经营道路，提高资本回报率。商业银行业务经营受资本约束明显，通过资产流转，可有效释放资本规模，并在有限的资本规模下，释放经营活力，提高商业银行资本回报率。

南京银行主要采用信贷资产流转与信贷资产证券化两种方式进行存量盘活，信贷资产流转与信贷资产证券化业务在推动南京

银行新增信贷投放、调整信贷结构方面均发挥了积极作用。

三、江苏银行：参与资产流转，打造特色金融

作为江苏省唯一一家省属地方法人银行，江苏银行选择以打造特色金融平台为转型方向。近年来，江苏银行在特色金融领域的信贷投放持续增加，不断创新特色金融业务种类，包括小微金融、消费金融、科技金融、绿色金融等特色金融业务均得到较快发展，截至2017年6月末，江苏银行小微企业贷款余额达3 069亿元，消费金融贷款余额612亿元，科技金融贷款余额近600亿元，绿色信贷余额681亿元。但作为一家区域性城市商业银行，江苏银行信贷资源规模有限，在一定程度上制约了银行特色金融服务的进一步发展。而信贷资产流转能够盘活存量信贷资产，助力江苏银行打造成为特色金融平台。

一是盘活存量资产，做大特色金融规模。一方面，将前期投放的特色金融资产通过信贷资产流转而转出，释放的特色金融信贷额度可以用于新增特色金融业务投放；另一方面，开展存量非特色信贷资产流转，将早期投放的一般对公贷款中收益较低、虽符合国家行业政策但不属于鼓励类的资产通过流转业务盘活，释放的信贷额度用于向特色金融领域倾斜。通过这一方式，江苏银行可以更好地响应国家相关行业政策，不断优化客户结构，提升特色金融资产比重。

在开展存量特色金融资产流转业务的过程中，江苏银行仍继续作为资产服务机构，按照银行存量信贷资产的标准对已流转的资产进行贷后管理，一方面确保不影响存量授信客户的正常生产活动，提供配套的结算服务；另一方面确保做好还本付息管理，

及时采取相应的风险应对措施,最大程度维护流转受让方的资金安全。

二是做好增量流转,扩大特色金融范围。江苏银行作为特色金融平台,也希望通过资产流转手段去参与其他金融机构的特色金融资产,寻找更多的特色金融业务机会。对于其他域外机构发掘的特色金融业务客户,当地银行可能受到资金实力、信贷指标等约束,存在对外转出的需求。江苏银行可与当地银行开展业务合作,通过信贷资产流转的手段,投资其他机构特色金融流转产品,从而参与域外的特色金融服务,实现优势互补。

三是参与流转交易,共建特色金融生态。特色金融业务的发展需要各类银行业金融机构的参与,信贷资产流转业务的阳光化运转,就有利于特色金融生态系统的建设与运作。目前,特色金融资产的流转交易仍以线下撮合交易为主,受信息传播范围限制,大量的买卖需求无法匹配。江苏银行正积极探索以特色金融做市商的身份开展特色金融资产交易业务,利用江苏银行专业的定价能力,协助相关特色金融资产的流转,提升特色金融资产的流动性。这一交易模式能够有效突破单一机构资金有限的"瓶颈",将江苏银行打造成一个具有极大特色金融资产交易流量的平台,促进特色金融生态体系的形成。

四、浦发银行:提升信贷效率,助力"轻型化"转型

作为一家国有控股的全国性股份制商业银行,浦发银行正在积极践行向轻型化银行转型,摒弃单纯依赖风险资产扩展来实现盈利的模式,大力发展低资本消耗的业务,提升中间业务比重,实现可持续的发展模式。

信贷资产流转是浦发银行向轻型化运营模式转型过程中的一个重要工具。浦发银行通过"投放—流转—再投放"的经营模式，不仅可以有效提高信贷资源的使用效率，还可以通过提供风险识别、信贷管理等服务，获取流转业务的中间业务收入，有利于推动浦发银行存量资产由重变轻。

浦发银行在此经营模式变更中所扮演的角色也随之发生变化，从原来的"持有型"银行转变为"流转型"银行。浦发银行依然需要发挥贷款投放时对借款人的风险识别、审核及贷后管理上的风险监控、风险控制，但银行不再承担持有贷款至到期的风险，而是变为提供专业风险识别、审核、管理的贷款服务机构，收入来源从贷款利差转变为贷款服务费收入。因为这种业务模式的变化，银行服务客户的对象也将变得更为广泛，在信贷资产流转市场发展到成熟阶段，浦发银行将不再从一个贷款机构的角度挑选客户，而是站在受让方角度，根据其配置需求去选择客户，最终银行的信贷经营将有效整合社会方资产配置需求和实体经济的融资需求，根据"以销定产"开展"流转型"信贷经营。

为实现"轻型化"转型目标，浦发银行一直在积极参与信贷资产流转业务实践。2013年7月13日，浦发银行被纳入银监会商业银行信贷资产流转业务首批八家试点机构，并于2013年7月30日分别与光大银行、工商银行完成首批信贷资产债权转让和信贷资产信托受益权转让试点业务。2016年12月，浦发银行成功尝试首单不良资产收益权转让业务，在银登中心登记转让"浦济不良资产收益权转让集合资金信托计划"。2017年，浦发银行继续深化信贷资产流转业务实践，继开展单笔、打包平层流转业务后，创新尝试结构化信贷资产流转产品，基础资产涉及对公、零售资产。

五、平安银行：依托资产流转，推动"零售型"转型

作为一家全国性股份制商业银行，平安银行自 2016 年开始全力实行转型，打造以智能化、移动化、专业化为特色的零售银行。2017 年上半年，平安银行零售客户数、管理零售客户资产和零售贷款余额较上年末分别增长 11.53%、19.23% 和 21.46%，零售业务营业收入占比达到 40%、利润总额占比达 64%。

零售资产在特性上是天然适合交易流转的基础资产。零售资产的特点就是小额、分散，更适合以大数据的方式，结合统计规律来追溯和调查基础资产的不良率，能够较为精确地预计资产池最终的实际收益情况和风险水平，并通过结构化的方式来缓释或者分散资产池的风险。以平安银行已经流转的零售资产为例，单笔流转业务平均贷款笔数超 2 万笔，单笔贷款平均金额约 2.5 万元，加权平均贷款利率在 8% 以上。相对于对公贷款而言，零售贷款的分散化、相对较高的收益率，都使其成为信贷资产流转市场上一类受欢迎的流转标的。

信贷资产流转助力商业银行向零售业务转型，其作用主要表现为两个方面：一方面，银行通过对存量对公类资产的盘活，可以有效地释放资本空间，增强商业银行的零售贷款投放能力，扩大零售资产在银行资产负债表中的比重；另一方面，信贷资产流转也可提升零售类资产的流动性，有利于增强商业银行发放零售贷款的积极性。

目前，平安银行已经完成了多笔对公资产、零售资产的流转交易，实现了优化资产结构、减少资本占用的目的。一方面，平安

银行主动通过流转公司信贷类资产来盘活存量，有效腾挪了可用资本额度，为后续零售业务发展提供保障。另一方面，随着零售资产规模的增加，平安银行逐步开展零售类资产的流转交易，资产类型包括个人汽车按揭贷款和个人消费贷款。预计未来还会将更多类型的零售资产通过信贷资产流转业务进行交易盘活，做好、做活资产配置，提高资金利用效率。

随着整个平安银行的零售转型和科技创新的进一步深化，资产质量和周转效率也会进一步提升，信贷资产流转必将成为促进其转型的重要抓手，为零售转型的目标保驾护航。

第四章　关于信贷资产流转
几个重要问题的探讨

一、信贷资产流转与证券化的关系及定位

李克强总理在 2015 年视察国开行和工商银行时指示，"金融机构要以改革的方式，着力解决融资难、融资贵问题……通过信贷资产证券化、贷款流转等方式盘活存量资金"，从而奠定了信贷资产流转与信贷资产证券化互补发展的格局。

目前在银登中心开展的三种被监管认可的流转业务模式中，部分信托受益权转让业务由于引入了结构化金融技术，就被一些媒体和市场机构误称为"类证券化"、"私募证券化"，这显然是不准确的。信贷资产流转业务与证券化业务交易场所不同，交易规范也有所差异，但其核心差异主要体现在法律关系、交易结构和参与主体等方面：

一是是否引入"证券"法律关系。信贷资产流转业务的法律实质，是以银行为主体的权属转让行为。以信贷资产受益权转让业务为例，银行将自己持有的贷款打包设立一个财产权信托，并指明信托的受益人为银行自身（即自益信托），随后银行再将这一

信托受益权转让给其他投资人。这一过程不涉及证券的发行，在法律上只是信托受益权这一权属的转让行为，银行直接与投资人发生法律关系，而信托公司只是作为受托人，负责产品的包装。信贷资产证券化业务的法律实质，是以信托为主体的证券发行行为。具体来说，银行将自己持有的贷款打包设立一个财产权信托，委托信托公司发行资产支持证券，并指明信托的受益人为资产支持证券的投资人（即他益信托）。这一过程涉及到证券的创设发行，投资人购买的是基于信托资产的资产支持证券，信托公司作为证券的发行人，处于证券化业务的中心地位，与银行和投资人发生直接的法律关系，而银行与投资人之间并不存在直接法律关系。

二是对底层资产的信息披露与穿透性不同。对于信贷资产流转业务，由于登记环节实现了穿透登记，因而信息披露时也需要披露底层资产的逐笔详细信息（包括贷款要素及合同文本）。由于披露内容较为详细，部分涉及商业秘密或隐私，出让方可对相关信息的披露对象进行限定，且获得信息的市场机构须根据《主协议》约定承担相应的保密义务。而信贷资产证券化业务中，信托公司须按照相关要求进行公开的信息披露，其中关于底层资产信息仅披露资产池整体状况，只有当单一借款人的贷款集中度过高时，才要求在发行说明书中披露该借款人的相关信息。

三是投资者群体及其投资决策依据不同。由于信贷资产流转业务的信息披露穿透至底层资产，投资者可对底层资产"拆包"进行逐笔审查和评估，甚至可与卖方协商筛选底层资产，因而更适合于具备较高风险识别和承受能力的专业机构投资者，具有效率高、成本低、灵活性强的特点。而证券化产品面向大众发行，监管也会对证券化产品的底层资产分散度作一定要求，以保护投资人的利益。但由于其信息披露未穿透至底层资产，投资者主要是依赖会计、评级等第三方意见作出投资决策。

正是由于信贷资产流转及信贷资产证券化业务在上述方面的不同优势，两类业务在发展中已形成了各自的特点和错位竞争的关系，缺一不可。

从出让方结构来看，大行主要通过证券化业务盘活存量，而中小银行则偏向开展流转业务。在2018年的信贷资产证券化业务中，国有大行的发行规模占69.6%，股份制银行占13.3%，而城商行、农商行、民营银行合计仅占3.1%，中小银行由于业务资质门槛、资产规模等因素的制约，开展证券化业务面临较大阻力，成本也偏高。这与信贷资产流转业务相反，2018年信贷资产流转规模中，股份制银行出让占比为50.3%，城商行、民营银行分别为19.2%、18.9%，而国有大行仅占5.1%。

表4-1 各类银行在信贷资产证券化及流转业务中的份额占比（2018年）

类别	信贷资产证券化 （发行规模占比）	信贷资产流转 （出让规模占比）
政策性银行	1.2%	0.0%
国有大行	69.6%	5.1%
股份制银行	13.3%	50.3%
城商行	3.0%	19.2%
农商行	0.1%	2.3%
民营银行	0.0%	18.9%
其他	12.9%	4.3%

数据来源：银登中心；Wind资讯。

从投资人构成来看，证券化与流转的投资人均主要集中在银行体系内，证券化业务的基金投资比例相对更高。证券化与流转业务的投资人结构较为相似，银行自营及理财资金是最主要的投资人，两者合计占证券化业务的 75.1%，流转业务的 88.5%。此外，基金（含专户）在证券化市场上也有可观的投资份额，但其参与流转业务相对有限，主要原因在于证券化对基金投资证券化产品有明确的监管规定，而基金参与投资信贷资产流转产品的政策尚不明确。

表 4-2　　信贷资产证券化及流转业务的投资人结构（2018 年）

类别	信贷资产证券化 （持有规模占比）	信贷资产流转 （受让规模占比）
银行自营资金	52.3%	60.0%
银行理财资金	22.8%	28.5%
证券公司及资管计划	7.0%	5.2%
信托公司及信托计划	2.5%	4.1%
基金（含专户）	11.7%	0.2%
其他投资人	3.7%	2.0%

数据来源：银登中心；中央结算公司。

从底层资产类型来看，房贷、消费贷等零售类资产更多通过证券化业务盘活，而对公、同业、不良等个性化较强的贷款主要通过流转业务盘活。在 2018 年开展的信贷资产证券化业务中，底层资产为个人贷款（含住房抵押贷款、信用卡贷款、汽车贷款、消费性贷款）的业务合计占 87.6%，对公贷款、不良贷款等仅占 12.2%（其中小微贷款占 1.2%）。而当年通过银登中心完成的信贷资产流转业务中，底层资产为对公贷款的占 34.6%（其中小微贷款占 22.3%），同业借款占 16.3%；此外，银行通过银登中心之外的渠道转让不良贷款的规模据估算也在 5000 亿以上。

究其原因，主要是因为个人零售类贷款的现金流稳定、单笔规模小、有完整的历史违约数据，有利于将大量同类资产打包后证券化出售，投资人仅通过对资产包的量化分析就能了解到证券化产品的风险特征，无须穿透至底层资产。而对公类贷款和不良贷款由于单笔金额相对较大，在行业、地域、风险水平等方面个性化程度高，需要对贷款的信用状况穿透审查，无法通过集中打包进行量化分析。同业借款也属于个性化程度较高的资产类别，且目前监管尚未放开银行同业借款的证券化业务，因此只能通过流转方式盘活。

当然，信贷资产流转业务的底层资产也包括了较多小而分散的消费贷款及小微贷款（含个人经营性贷款），这主要是由于流转业务的效率更高，交易规模灵活，能够在较短时间内以较低成本实现资产盘活，对银行有一定吸引力。

从产品规模来看，证券化业务的单笔规模一般较大，而流转业务的规模大小则更为灵活。2018 年信贷资产证券化业务中，单个资产包的平均规模达到 60.1 亿元，虽有部分资产包规模低于 10 亿元，但绝大多数为不良贷款证券化。而信贷资产流转业务的资产包平均规模仅为 18.9 亿元，超过半数资产包规模低于 10 亿元，且规模相对灵活，在实际交易中可从数千万元到上百亿元不等，因而与中小银行的资产规模更为匹配。

总的来看，国内信贷资产流转及证券化市场的发展趋势，与国际市场的实践经验十分相似。信贷资产流转与信贷资产证券化在国际市场上也是各有分工、相互补充、并行不悖。其中，信贷资产证券化业务主要用于盘活房产抵押贷款及零售类贷款等小而分散的贷款类型，而信贷资产流转业务主要用于盘活对公贷款、不良贷款等更为个性化的贷款类型。这种根据贷款类型不同而自然形成的定位分工，是由不同贷款的特点、流转与证券化市场各自的优势所共同决定的。

因此，从盘活银行信贷存量，提高银行业服务实体经济质效的角度来看，应充分肯定信贷资产流转及信贷资产证券化两种方式的效用，鼓励市场机构根据实际需求自主选择适宜的盘活途径，推动商业银行更加充分地参与到融资体系变革中来。

二、信贷资产流转业务的资本计提问题

目前，对于信贷资产证券化业务的风险资本计提问题，银监会已在《商业银行资本管理办法（试行）》附件9中作出具体要求，但信贷资产流转业务的资本计提尚无明确规定。根据巴塞尔协议规定："银行在确定传统资产证券化、合成型资产证券化或与两者有相似特点的结构产生的风险暴露所需要的风险资本时，必须使用资产证券化框架。由于资产证券化的结构多种多样，因此，在确定证券化风险暴露所需资本时，必须要以它的经济实质为依据，而不能只看它的法律形式。同样，监管当局在确定监管资本时，也要根据交易的经济内涵来确定这笔交易是否当比照资产证券化标准。"在我国《商业银行资本管理办法（试行）》附件9中也明确规定："银监会有权根据交易的经济实质，判断商业银行是否持有资产证券化风险暴露，并确定应当如何计提资本。"近年来，监管部门也更加强调按照"实质重于形式"的原则对各

项业务进行监管，尤其体现在表内外创新业务的风险资本计提问题上。

因此我们认为，对于信贷资产流转业务的资本计提也应当按照"实质重于形式"的总体原则进行要求，其中平层（非结构化）信贷资产流转产品的投资者应当按原信贷资产计提风险资本，而对于信贷资产流转业务中使用了结构化分层技术的信托受益权产品（以下简称结构化产品），投资者则可比照资产证券化框架的权重标准相应地计提风险资本。

我们应注意到，信贷资产结构化与证券化业务虽然在法律关系等方面存在明显差异，但从经济实质来看，结构化产品与证券化产品在风险隔离、信用增级机制、信息披露与规范化监管等方面具有基本一致的经济内涵，产品的风险—收益特征较为相似。

一是均通过引入信托的方式进行风险隔离和产品设计。实行必要的风险隔离，是控制资金池潜在风险的关键，信贷资产证券化业务与信贷资产结构化业务，均是通过原始权益人将信贷资产信托给受托机构/信托的方式实现风险隔离的。利用信托制度进行资产打包重组、风险隔离和信用增级等结构安排，可以同时实现对现金流和资产双重控制的目的，可以实现基础资产与主体资产所有权和信用的隔离，也为资产会计出表提供了便利。

二是均采用结构化分层等内部增信方式。基于资产池的现金流设计和结构化分层，实现了优先级产品的风险转移和缓释，是结构化与资产证券化的共同特征。在信用增级机制的构建上，信贷资产证券化与结构化产品有一个共同特点，即均以内部增信为主，基本不依赖外部增信措施。这一方面是因为贷款债权能够产生较为稳定的回款现金流；另一方面与《关于规范金融机构同业业务的通知》（银发〔2014〕127号）禁止同业投资接受或提供第三方金融机构信用担保的约束有关。

三是在监管认可的交易场所发行/交易，均有规范的信息披露规则。虽然与资产证券化交易场所、交易方式不同，信贷资产结构化产品也属于在监管认可的金融基础设施（银登中心）进行登记、流转的产品，交易的规范化、合规性和透明度得到了保障，监管部门能够进行有效的监管。

因此，按照"实质重于形式"的原则，信贷资产流转结构化产品在满足一定标准的情况下，是可以比照资产证券化框架进行资本计提的。

金融危机后，为进一步推动证券化市场的健康有序发展，巴塞尔委员会在2015—2016年制定并发布了"STC"（Simplicity, Transparency and Comparability）标准，明确对符合"STC"标准的证券化产品给予资本计提优惠，体现国际监管对提升证券化业务的标准化、规范化程度的共识，也为我们提供了一套系统的、可借鉴的产品评价标准。由于目前各方对于信贷资产流转结构化产品的资本计提问题尚有不同的理解和看法，我们认为，在遵循"实质重于形式"原则、给予结构化产品和证券化产品统一监管标准的基础上，对于结构化产品可以适当地从严要求，以保证监管政策的公平性，避免"监管套利"的发生。具体来说，可考虑借鉴国际最新监管理念，对于未采用证券法律形式，但经济实质与资产证券化相同、底层资产为信贷资产的结构化金融产品，可参照巴塞尔协议"STC"标准进行衡量，凡经监管部门认定符合标准的，可比照资产证券化的风险加权资产计量规则，对于不符合"STC"标准或平层的信贷资产受益权产品，则仍按原信贷资产计提资本。

但由于当前尚无明确统一的监管规定，监管部门、各地方银监局对这一问题的认识和理解可能有所差别，因此建议当前通过以下方式进行处理。

若监管当局认可信贷资产结构化与证券化业务经济内涵一致的，辖内商业银行即可比照证券化框架进行资本计提。

若监管当局尚无法明确信贷资产结构化业务是否可以比照证券化框架进行资本计提，认为需要就具体业务进行审核的，可考虑组织以第三方为主的专家审核委员会对银行的具体流转业务进行审核，并定期知会监管部门；或者，由专家审核委员会提出专业性审核意见，报监管部门进行最终审核确认。但上述就资本计提问题进行的审核，均不构成信贷资产登记流转业务的正常开展的前提条件。

另外，巴塞尔协议对于资本计提的要求主要是基于银行承担的风险，所承担的风险越大，则需要计提的资本越多。而监管上对于风险承担的判断，与法律、会计上认定的风险转移应当是保持一致的。因此，从信贷资产受益权的出让方来看，如果在其将信托受益权转出后，无论是会计上还是法律上，信贷资产的风险和收益都已经实现了转移，那么出让方银行对相关信贷资产无须再计提风险资本。

三、资管行业投资于信贷资产流转市场的业务探讨

2018年4月人民银行等金融管理部门发布的"资管新规"规

定，"金融机构不得将资产管理产品资金直接投资于商业银行信贷资产。商业银行信贷资产受（收）益权的投资限制由金融管理部门另行制定"。在9月发布的《商业银行理财业务监督管理办法》（以下简称《理财办法》）中进一步规定，"商业银行理财产品投资于信贷资产受（收）益权的，应当审慎评估信贷资产质量和风险，按照市场化原则合理定价，必要时委托会计师事务所、律师事务所、评级机构等独立第三方机构出具专业意见。商业银行应当向投资者及时、准确、完整地披露理财产品所投资信贷资产受（收）益权的相关情况，并及时披露对投资者权益或投资收益等产生重大影响的突发事件"。

"资管新规"等监管文件的相关要求标志着资管产品对信贷资产受（收）益权的投资得到了监管的认可。我们认为，从国际市场经验、国内金融体系的发展趋势以及资管行业自身的投资需求来看，各类资管机构及产品未来将逐渐成为信贷资产流转市场中主要的投资者群体。

在美国、欧盟等国际信贷资产流转市场中，各类资管机构及产品都是最主要的投资者群体。如前文所述，目前在美国信贷资产流转市场的投资者中，非银机构投资者占据了超过80%的投资份额。这些非银行投资者主要就是贷款担保债务凭证（CLO）、贷款型共同基金、私募基金、对冲基金、养老基金等资管产品，以及保险公司、金融公司等资管机构。欧洲市场的情况类似，各类资管机构及产品的投资份额也超过了60%。

从我国金融体系的发展趋势来看，资金端正在逐渐从银行机构向资管行业转移，而资产端仍然较多地集中于银行信贷领域中。目前，我国金融市场实质上正处于"利率双轨制"的发展阶段：

银行存贷款利率虽然理论上已完全放开，但还是受到监管的窗口指导，偏离基准利率的幅度很小；而信托、基金、保险、互联网金融等大资管行业已实现利率市场化，近年来蓬勃发展，给银行存款带来了较大压力，银行为应对同业竞争，也开始大力发展表外资管业务（银行理财）。在此背景下，金融体系中资金端和资产端逐渐脱钩，其中资金端（资金来源）的优势逐渐由资产管理行业承接，银行存款资金被分流、"搬家"；但从资产端（资金投放）来看，银行凭借较强的综合金融服务能力和广泛的机构网点分布，仍然集中了大量的优质企业或项目资源，特别是对于小微企业、"三农"、扶贫等经济社会薄弱环节来说，其融资需求仍然需要依靠银行信贷满足。因此，不同金融机构在资金端和资产端的能力、优势方面存在错配，信贷资产流转则可有效解决这一错配问题。由银行向实体经济发放贷款后，再转让给资管行业的各类非银行投资者，一方面有效利用了银行在信贷投放方面的专业能力；另一方面也发挥了资管行业在吸引社会资本方面的市场化优势，有利于推动金融体系在服务实体经济（尤其是服务小微企业、"三农"、扶贫等重点领域融资）方面发挥更重要的作用。

另外，从资管行业自身的角度来看，信贷资产也是一类极具吸引力的投资标的。已发放的存量信贷资产都经过银行授信审核，且大多有抵押物担保，风险低于信用债、股票，属于优质、风险可控的资产类别，对资管机构及资管产品而言具有较大的投资价值。且银行将信贷资产转出后，一般也会作为贷款管理人继续承担贷款在存续期内的管理、监测、催收等职责，因此资管机构或产品作为投资者的利益也能够得到有效保障。随着资管行业的发展壮大，其对多元化金融资产的投资需求将不断增大，信贷资产作为国内存量规模最大的金融资产类别，自然应当成为资管行业资产配置组合中的重要组成部分。这也有助于拓宽居民、企业的投资渠道，引导其通过资管行业投资于经过银行严格授信、风险可控又有一定收益水平的合格信贷资产，减少对 P2P 等其他高风险投资的需求。

第五章　中国信贷资产流转市场的顶层设计

一、中国信贷资产流转市场的顶层设计思路

一个机制健全、运转有序的信贷资产流转市场对于推动新时代中国经济发展转型与金融体系变革具有重要意义。结合国际经验和我国金融市场的实际情况，我们从市场发展定位、市场架构设置、风险防控措施三个方面出发，提出了进一步发展信贷资产流转市场的顶层设计思路建议。

（一）市场发展定位

信贷资产流转市场的发展定位，是建设一个以信贷资产为交易资产的标准化金融子市场。商业银行等市场机构均可通过信贷资产流转市场，以标准化、透明化、规范化的方式转让其发放或持有的信贷资产。具体来说，信贷资产流转市场在建设发展的过程中还应实现以下几个目标。

一是成为银行机构将间接融资存量转化为直接融资的途径，推动银行将存量信贷资产转让给非银行机构投资者，从由银行发放贷款并承担风险的间接融资，转变为银行牵头管理、主要由社

会资本承接信贷资产风险的模式，加快提高直接融资比重。在我国当前贷款存量规模庞大、直接融资市场发展难以一蹴而就的背景下，"存量转化"模式有助于实现具有中国特色的金融供给结构转型，同时深化金融供给侧结构性改革。

二是完善信贷资产二级市场，助力构建全方位、多层次金融支持服务体系。作为实体经济最主要的融资方式，银行信贷的二级市场发展相对滞后，贷款的流动性远低于债券、股票等其他资产。信贷资产流转市场的发展有助于完善全方位、多层次金融支持服务体系。通过信贷资产流转，银行可优化信贷结构，释放沉淀资金，为国家重点战略领域及新兴产业提供更多资金支持，提高金融服务实体经济的质效。

三是成为与证券化互为补充的信贷资产盘活渠道，其中信贷资产流转主要服务于对公贷款及不良贷款的盘活，证券化主要服务于零售贷款及房产抵押贷款的盘活，两者形成合理分工、优势互补、共同发展的格局。同时，流转与证券化也可形成上下游联动的关系，由专业机构（类似欧美市场中的CLO）从流转市场中购入信贷资产后，再打包重组并以证券化的形式向其他投资者发售。

四是成为信贷政策调控的补充工具，鼓励银行向国家重点战略领域、新兴产业及经济社会薄弱环节（如小微企业、"一带一路"、三农、扶贫等）发放贷款并优先流转，实现对银行信贷投放的市场化调控指导，助力供给侧结构性改革。

（二）市场架构设置

1. 参与者群体

信贷资产流转市场由供给驱动转向需求驱动或双轮驱动，由银行体系主导转向多元主体参与。目前的流转市场仍是一个供给驱动型市场，由银行根据出表的需要来创设相应交易标的并找寻投资方，投资者也以银行体系资金（含银行理财）为主。随着利率市场化的推进和大资管时代的到来，包括理财、信托、保险、基金、券商资管在内的各类资管机构或资管产品有望在流转市场中越来越多地承担投资者的职能。另外，部分专业机构也可能逐渐发展成为类似美国市场中 CLO 载体的主动管理型中间投资机构，对接买卖双方需求，由该类机构打包购买不同银行的信贷资产，再通过结构化处理的方式将基于信贷资产的结构化金融产品销售给风险承担能力不同的各类最终投资人。通过这种方式，可以让更多的市场主体参与到信贷资产流转市场的投资中来，让买方成为驱动市场发展的主体。

2. 主要业务模式及资产类别

信贷资产流转市场中已开展的各类业务模式（如债权直接转让、信贷资产收益权转让、信托受益权转让等）未来应继续发挥重要作用。与此同时，流转市场的业务模式需要根据市场需求和监管要求继续调整优化。其中，债权直接转让模式结构简单、成本较低，随着相关监管政策的调整与完善，在流转市场中的比重有望逐步上升。另外，结构化产品由于其风险收益设置灵活，也应当成为流转市场中的主要交易方式之一，在对接、匹配买卖双方的需求方面发挥重要作用。

从资产类别来看，目前信贷资产流转市场主要以双边贷款的转让为主，但未来银团贷款也应实现常态化交易。银团贷款在支持国家重大项目建设、服务"一带一路"倡议、加强同业合作与风险管控等方面可发挥独特作用，日益成为银行信贷投放的重要方式之一，银团贷款的流转需求也逐步显现。根据国际实践经验，银团贷款由于具备标准化程度较高、规模大且持有人众多的特性，更易于流转，因此在市场机制逐渐完善的前提下，也应成为流转市场中的主要交易品种之一。

3. 金融基础设施安排

进一步发挥集中统一的金融基础设施机构在信贷资产流转市场中的作用。信贷资产流转市场的金融基础设施主要服务内容包括登记、交易、结算、信息披露、存续期管理等，从股票、债券等其他金融市场的经验来看，集中统一的金融基础设施服务机制更有利于提高市场效率，降低交易成本。

欧美市场由于其自发形成、自律规范的市场机制，在基础设施服务方面相对分散，只有 IHS Markit 公司在贷款结算方面基本支持了全市场的统一处理，但结算效率仍有待提高，目前平均每笔交易的结算周期为 15 天。而我国信贷资产流转市场是在监管主导下发展起来的，已初步建立了集中统一的登记、交易、结算机制，有条件利用高起点的后发优势实现金融基础设施领域的赶超。因此，建议未来在信贷资产市场中继续发挥银登中心作为金融基础设施的重要作用，以其为抓手推动市场的标准化、规范化建设。

（三）风险防控措施

发展信贷资产流转业务对于防范和化解银行业风险有着积极作用，但同时，与其他金融市场一样，信贷资产流转市场本身也存在一定的潜在风险，包括信贷资产原有的信用风险、因开展流转业务而产生的新的潜在风险（如产品风险、流动性风险、监管套利风险和道德风险等），以及流转市场对金融体系系统性风险的潜在影响等。这些潜在的风险需要在市场建设的过程中予以重点关注，并通过一定的机制安排来进行防范和管控。

1. 信贷资产既有信用风险及防控措施

信用风险即信贷资产的债务人无法按期付息还本的风险，这是信贷资产最重要的风险因素，也是信贷资产流转市场中最主要的风险来源，有可能导致投资者的经济损失，进而引发市场波动。但是，信用风险并非信贷资产所特有，且信贷资产一般具有充足的抵（质）押物或担保，其信用风险并不高于信用债券等其他金融产品。

在信贷资产流转市场中，信贷资产信用风险的防范可从以下几个方面着手：一是设置市场准入门槛，如限定信贷资产的初始出让方须为持牌金融机构，受让方须为合格机构投资者；二是强化贷款管理人责任，要求由具备贷款资格的金融机构担任贷款管理人，负责贷款的存续期管理与违约追偿，监督债务人履行贷款偿付义务；三是完善集中登记和信息披露机制，使投资者能够充分、及时、准确地掌握信贷资产信息；四是加强交易规范化管理，交易各方应在交易文本中明确违约事件处置机制和各方责任，最大限度地减轻投资人可能面临的损失。

2. 流转业务中新增风险及防控措施

市场机构在开展信贷资产流转业务的同时，在实现了信用风险的转移、分散的同时，也可能导致原有风险形态的转换，可能产生新的风险。

一是产品风险，即信贷资产流转市场中的流转产品不同于底层信贷资产的风险。信贷资产流转业务的产品形式多样，其中信贷资产受（收）益权等产品由于具备特定的交易结构，其风险收益特征与单笔信贷资产可能有所区别，因而对相关产品风险的评估分析也不同于对底层信贷资产的评估。为保障市场各方能够全面、准确地理解不同产品的风险特征，可考虑从两个方面着手完善流转市场的建设：第一，从交易结构、底层资产等维度对流转市场中的各类产品做出明确、具体的规范，保证产品结构简单、风险易于识别和理解；第二，完善流转业务的信用评级、估值定价机制，通过第三方中介机构来客观地分析和揭示产品风险。

二是流动性风险，即信贷资产的投资者无法及时卖出资产、满足自身流动性需求的风险。信贷资产的个性化程度较高，因而流动性相对有限，信贷资产流转在提高信贷资产流动性的同时，也可能导致信贷资产的投资人在买入资产后无法及时卖出，进而产生流动性风险。为防范和化解流动性风险，信贷资产流转市场可从以下几个方面加强机制建设：第一，鼓励投资者优先配置期限匹配的信贷资产，特别是对于资管产品等具有固定投资期限的投资者，应引导其投资剩余期限小于或等于资管产品期限的信贷资产，减少甚至消除期限错配风险；第二，建立相应的流动性促进机制，由流动性促进机构为部分规模较大、现金流稳定的信贷资产流转产品提供报价和做市服务，提高相关产品的流动性水平，对流动性需求较高的投资者可选择投资该类产品。

三是监管套利风险，主要指出让方以私下签署抽屉协议、兜底条款等方式，通过信贷资产流转实现资产虚假出表，以规避资本或贷款规模监管的问题。当前，信贷资产流转市场的金融基础设施机构已投入运作，相关的集中登记、信息披露、统计监测等制度规则也均已建立，信贷资产流转业务的规范化、阳光化、标准化水平不断提升，监管套利风险可得到有效控制：第一，关于信贷资产流转能否实现出表，相关管理部门均有明确的会计准则和监管要求，外部审计机构也会对银行的会计处理进行定期第三方审计；第二，监管部门在近年来发布的监管文件中已对银行转让信贷资产的行为做了具体要求，如本行理财不得投资本行信贷资产、禁止信贷资产的回购或担保交易等，有效防范了商业银行在资产风险未实际转移的情况下调整监管指标的行为；第三，目前所有信贷资产流转业务均须通过银登中心办理集中登记，保证了业务全流程可追踪可监测，监管部门可及时掌握银行开展流转业务的具体情况。未来信贷资产流转市场也应继续加强集中登记机制建设，并进一步完善监管制度框架，以持续防范监管套利行为的发生，保证信贷资产的真实、洁净出表。

四是道德风险，即信贷资产流转业务可能会导致银行不再关心发放贷款的质量，而只关心做大贷款规模，进而产生道德风险问题，使投资者面临潜在损失。在信贷资产流转市场中防范道德风险，可以从以下几个方面着手：第一，要求信贷资产的初始出让方（贷款发放行）自留一定比例的信贷资产，通过利益共享、风险共担的机制对出让方的贷款发放进行约束；第二，在信贷资产流转业务中加强信用评级、估值、审计、法律顾问等第三方机构的参与度，通过第三方机构专业意见降低交易双方的信息不对称性；第三引导市场通过交易协议等法律文件明确各方权责，如出让方需承诺其贷款发放程序合规、贷款相关信息真实完整等，并可要求出让方继续承担贷款管理人职责，以保障投资人权益。事实上，在一个机制完善、运作良好的流转市场中，通过投资人的投资偏好选择，可对发放贷款的银行形成正向的引导和激励，有助于提高商业银行发放贷款的质量。

3. 流转市场风险在金融体系扩散、形成系统性风险的防控措施

系统性风险指单个金融机构或一类金融产品的巨额损失向外扩散，造成大面积的连锁反应，进而导致整个金融系统崩溃的风险以及对实体经济产生负面效应的可能性。2008 年美国次贷危机的爆发，主要就是由于房价下跌导致次级房地产抵押贷款及其证券化、再证券化产品违约，进而传导至其他金融市场，最终爆发了全局性的、系统性的金融风险和经济损失。在此过程中，美国的证券化市场推动了金融风险的加剧和扩散。当时美国将风险很大的次级贷款包装成具有较好评级的证券化产品，并以此类"有毒"产品为基础资产进行再次证券化。其产品结构复杂、链条过长、涉及面广，这一方面导致底层资产无法穿透，信息不透明，无论是投资者还是评级机构都难以准确评估产品中隐藏的风险；另一方面机构间通过信用违约掉期等方式为这类产品相互担保，也大大提高了金融机构之间的关联程度，使风险极易从一家机构传导至其他机构。

上述教训提示我们：防范信贷资产流转市场的风险发展为关联性风险乃至系统性风险，应当至少从三个方面入手：一是确保底层资产质量，通过集中登记机制对底层资产进行逐笔穿透后，

信贷资产流转市场可对流转业务的底层资产范围加以约束，限制或禁止风险较高的限制性领域贷款及其他不合格贷款的流转，避免以劣等底层资产构造金融产品的风险。二是保证产品结构简单可比，避免多层嵌套，在信贷资产流转的备案登记环节，可以对上述产品结构复杂、层层嵌套的流转业务进行过滤拦截，并推动贷款债权的直接转让，保证投资者对风险的充分识别。三是加强统计监测体系建设，集中登记机制实现了对信贷资产流向的统计，以及对其存续期内的持续跟踪、管理，保证信贷资产交易传导链条的透明，监管部门可通过银登中心的统计监测系统，在动态的市场环境中，保持对信贷资产流向的完整追踪和全面掌握，进而实现对风险的识别和评估，防范风险的大面积扩散。

通过上述方式，信贷资产流转业务的风险可以被控制在一定范围之内。同时，若能发挥好信贷资产流转市场在优化银行体系资产结构、分散银行体系风险等方面的正能量，在一定程度上还有助于防范和化解系统性风险。

二、中国信贷资产流转市场发展建议

根据对中国信贷资产流转市场的顶层设计思路，我们对市场未来的建设与发展提出如下建议：

（一）完善监管制度安排

一是制定信贷资产流转业务规范性文件。明确、清晰的监管政策是市场有序运转的制度基础，建议监管部门通过出台《信贷资产流转业务管理办法》或发布专门性的通知文件等方式，进一步完善信贷资产流转市场的监管制度框架，加强对银行开展相关业务的规范指导。

二是梳理调整过往政策，加大对信贷资产流转的政策支持力度。建议在系统地梳理过往监管政策的基础上，结合市场发展现状和实践，对有关规定进行补充与完善。

允许信贷资产同比例拆分转让。在银监会指导开展信贷资产流转业务试点的过程中，部分流转业务中出让方自留了部分（如5%）的信贷资产，实质上是对银监发〔2010〕102号文等文件中"整体转让"要求的灵活调整。拆分转让有助于提升交易灵活性、分散信用风险，因此建议对银监发〔2010〕102号文中的"整体性"要求进行部分调整，允许信贷资产的同比例拆分转让，即把贷款的未偿还本金与应收利息按相同比例拆分转让，同时明确要求贷款的后续管理事宜由交易各方约定的资产服务机构（一般为贷款的卖方，也可以指定为贷款的买方或第三方）负责。

不再要求转让后重签协议。根据银监发〔2010〕102号文的要求，信贷资产转让后，受让方应与信贷资产的借款方重新签订贷款协议，确认变更后的债权债务关系。但是，重签协议的做法实质上是一组债权债务关系的终止，和另一组债权债务关系的另行建立，而非贷款债权的转让。我国《合同法》中仅要求"债权人转让权利的，应当通知债务人"，并未提出转让后要重签协议，欧美市场中也没有类似的监管要求。银监发〔2010〕102号文提出"重签协议"等要求，主要是为了防范当时部分银行通过"假转让"方式规避监管的违规行为。近年来，在监管部门的引导下，通过集中登记、文本标准化、监管统计监测等机制，信贷资产流转业务的标准化、规范化、透明化程度得到了有效提升，对"假转让""假出表"等行为的监管和防范有了更有效的措施，适度调整"重签协议"要求的基本条件已经具备。因此，建议对102号文的相关监管条款进行修订，取消转让后重签贷款协议的强制监管要求，而是由各方根据法律规定及合同约定自行安排。同时，对于转让是否需要征得借款人及担保人的同意、转让后是否需要通知相关方、是否办理抵（质）押物变更登记手续等问题，建议也以法律规定及合同约定为准，不再做监管上的额外要求。

三是加大政策落实力度，强化集中登记与监管统计机制的作用。通过登记方式获得法律对抗效力是国际上的通行做法。在以美国为代表的很多国家，登记早已成为商业债权转让的公示形式：美国《统一商法典》第9章明确将登记作为债权转让公示，特别是确定二重让与情形中各受让人优先劣后的规则，《加拿大动产担保法》等也都以登记优先主义作为解决二重让与纠纷的规则，日本《电子债权登记法》和《动产与债权转让特例法》也明确了债权转让登记的法律效力。

在我国一些实践领域，在上位法立法滞后的情况下，监管部门规章实际上在引导和规范创新实践方面发挥着重要作用。正是依据银监办发〔2015〕108号文的相关要求，我国已经初步构建了信贷资产流转的集中登记制度，明确了银登中心承担集中登记工作的职能。

落实集中登记制度是推动信贷资产流转业务发展的基石：一方面，信贷资产流转的登记有利于明确资产性状、债权权属，保障流转资产的真实性，也为信贷资产多次流转建立了真实准确的基础；另一方面，通过集中登记可实现对基础资产明细的完全穿透，使投资人充分了解和评估资产风险。另外，集中登记机制与监管统计机制的健全有利于监管机构全面、及时、准确地掌握信贷资产流转市场情况，是监管政策制定与执行的重要抓手。

在集中登记机制方面，建议在明确信贷资产流转业务范围的前提下，通过现场检查与非现场监管相结合的方式，督促银行业金融机构严格按照银监办发〔2015〕108号文的要求，及时、准确、完整地办理信贷资产流转业务的集中登记，尽快实现集中登记对正常资产与不良资产、线上流转与线下流转的全覆盖，并由事后登记逐渐过渡为事前登记。在监管统计机制方面，建议进一步细化明确银保监会非现场监管报表体系中《G34信贷资产转让业务情况表》的填报要求，要求银行业金融机构将通过所有渠道开展的信贷资产流转业务完整、准确填报。

四是明确信贷资产流转业务的资本计提要求。目前，《商业银行资本管理办法》（银监会令〔2012〕1号）中仅明确了资产证券化业务的风险资本计提问题，对于信贷资产流转业务尚无明确说法。为统一监管标准，建议对信贷资产流转业务的资本计提做如下要求。

对于信贷资产流转市场中的结构化产品，因其在风险隔离、交易结构、内部增信等方面的设计安排与资产证券化业务"经济内涵"基本相同，建议参照巴塞尔协议"STC"标准进行衡量和要求，凡经监管部门认定符合标准的，可比照资产证券化的风险加权资产计量规则。

对于信贷资产流转市场中的平层（非结构化）产品，包括信贷资产债权的直接转让以及未做分层设计的信托受益权等产品，由于其风险收益特性与原信贷资产基本一致，建议比照银行表内贷款进行资本计提，防止银行通过信贷资产流转业务变相降低其原有信贷资产的资本计提。

五是为信贷资产流转业务的会计与税收处理提供政策指引。随着信贷资产流转市场日益活跃，流转业务在会计与税收处理上的不确定性成为市场机构关心的主要问题之一。为促进信贷资产流转市场的长远发展，建议财税部门就信贷资产流转业务的会计与税收处理研究提出权威、统一的政策指引。其中，建议明确在信贷资产流转业务中折价转让正常类信贷资产及其受（收）益权的，折价部分可计入当期损益，并准予在税前申报扣除；而对于不良资产及其受（收）益权的折价转让部分，则按核销处理并可税前申报扣除。

六是大力鼓励政策支持类信贷资产的流转。为加强对国家重点战略领域、新兴产业和经济社会薄弱环节（如民营企业、小微企业、"一带一路""三农"、精准扶贫、污染防治等）的金融支持，建议鼓励银行通过信贷资产流转业务盘活上述政策支持领域的信贷资产，并为该类信贷资产的流转提供适度的政策优惠，如在"非标"认定及资本计提方面予以考虑，并要求相关金融基础设施机构在市场准入、费用减免等方面提供便利。特别地，民营企业、小微企业信贷资产的流转有助于破解其"融资难，融资贵"问题，分散银行持有民营企业、小微企业贷款的潜在风险，因而应予大力支持和推动。

（二）拓展市场参与者群体

一是鼓励资管产品及机构参与信贷资产流转投资。银行理财、信托、券商资管计划等各类资管产品及保险公司等机构都属于社会资本的重要组成部分，其参与投资存量信贷资产或其受（收）益权是国际金融市场的通行做法，有助于商业银行盘活存量资产，并实现风险的分散和转移。同时，已发放的存量信贷资产都经过了银行的授信审核，且大多有抵（质）押物担保，由资管产品及机构参与投资是在风险可控、成本较低的前提下引入社会投资的好做法。虽然不同的资管产品及机构在其投资标的的信用评级、流动性、期限等方面都有特殊的监管要求，但这些要求与其是否可以投资于信贷资产流转并不冲突。在信贷资产流转业务符合相关监管要求的情况下，应当允许资管产品及机构参与投资。因此，建议监管部门在"资管新规"的指导下，尽快明确并细化资管产品投资信贷资产受（收）益权的监管要求，为各类资管产品及机构常态化参与信贷资产流转业务提供政策依据。

二是培育专业的主动管理型中间投资机构。建议培育一批类似美国市场中 CLO 载体的主动管理型中间投资机构，发挥对接出让方需求与最终投资者需求的桥梁作用。具体而言，中间投资机构可由信托、基金、资产管理公司等机构担任，由其从不同的银行业机构处"批发"购买信贷资产作为原材料，再通过打包结构化处理的方式，将基于信贷资产的结构化金融产品"零售"给风险承担能力不同的各类最终投资人，如优先级产品由保险、养老金等长期低风险资金投资，劣后级产品则可销售给私募基金。

三是培育专业的高风险机构投资者。目前国内机构投资者普遍偏好收益稳定、风险较低的金融资产，因此不良资产、结构化产品劣后级等风险相对更高、现金流不确定性较强的资产在找寻投资者时往往较为困难。为此，建议更多地培育、鼓励专业的高风险机构投资者参与到信贷资产流转中来，补充现有投资者结构存在的不足。具体而言，四大金融资产管理公司、地方资产管理公司在不良资产及高风险资产的投资、处置方面具备专业能力与优势，部分私募基金、面向高净值客户的资管产品及部分非金融企业也对高风险资产有一定的投资需求，可以更多地对其开展针对性的宣传、培育，将其吸收到流转市场中。

四是逐步扩大信贷资产跨境流转业务试点范围。境外机构投资者具备独特的风险收益偏好，且其专业能力及投资经验也有别于国内机构，可与国内机构投资者形成互补。我国信贷资产存量庞大，而引导外部资金参与国内金融市场投资已经成为当前我国金融领域发展的一个重要趋势。在当前环境下，加快探索信贷资产的跨境转让，不仅对于促进信贷资产向银行体系外盘活、丰富投资者结构很有帮助，对引导资金流入、促进国际资本收支平衡，也有着重要的意义。因此，建议顺应我国扩大金融对外开放的总体战略安排，在符合国家外汇管理有关规定的前提下，将信贷资产流转业务的跨境转让试点范围从不良资产扩大至正常类信贷资产，逐渐、适度地将境外资金引入信贷资产流转市场中，允许境外机构受让国内信贷资产及其受（收）益权，同时借助境外投资者的专业经验，推动国内流转市场在信息披露、评级估值等方面与国际成熟市场接轨。

（三）丰富产品与业务模式

一是引导并鼓励信贷资产债权的直接转让。贷款债权的直接转让具备结构简单、节约成本的优势，对于投资者而言其可理解、可预测程度最高，因此是国际市场中的主流交易方式，但目前在国内市场中受到相关政策的约束而难以开展。2009 年，银监会发布《关于商业银行向社会投资者转让贷款债权法律效力有关问题的批复》（银监办发〔2009〕24 号），明确指出"转让具体的贷款债权，属于债权人将合同的权利转让给第三人，并非向社会不特定对象发放贷款的经营性活动，不涉及从事贷款业务的资格问题，受让主体无须具备从事贷款业务的资格"。因此，无论是银行还是非银行机构，参与受让贷款债权都是合规的。建议在不违背相关监管精神的基础上，通过业务规则、协议约定等形式明确，信贷资产债权流转后，仍由出让方银行机构继续担任贷款管理人，从而解决受让方不具有贷款业务资格的问题，保证债权直接转让不影响借款人、保证人等相关方的权益。

　　另外，国内现行法律规定贷款债权转让应当通知债务人。而从国际经验来看，可通过办理转让登记的方式获得同样的法律效力。例如，日本《动产与债权转让特例法》就明确债权转让可以通过办理转让登记的方式取得法律对抗效力，而无须通知债务人（所谓沉默转让）。当前我国也已经建立了信贷资产流转集中登记机制，下一步可考虑就转让登记与转让通知的效力问题做进一步研究探索。

　　二是支持银团贷款的流转交易。近年来，我国银团业务稳步发展，在"一带一路"倡议等国家重点支持领域中广泛使用了银团贷款融资。目前我国银团贷款余额已达 7 万亿元，推动银团贷款的盘活对于支持银行进一步服务实体经济、支持国家重大战略发展具有重要意义。考虑到银团贷款的转让在国际市场上已有通行规则，建议参照国际市场经验，为银团贷款的流转交易提供更多的政策鼓励，并引导非银机构投资者参与投资。

（四）完善市场机制建设

借鉴国际信贷资产流转市场的发展经验，有效的市场机制是提高市场标准化程度、改善市场流动性、加强外部监督约束环境的必要举措。因此，建议从以下三个方面进一步完善信贷资产流转市场的机制建设。

一是细化交易规则。随着信贷资产流转业务不断发展成熟，产品不断细分，基础资产、交易结构逐渐呈现多元化。在总体业务管理办法的基础上，可针对不同类型基础资产（双边贷款、银团贷款以及特定用途的贷款）、不同交易结构的信贷资产流转产品分别制定流转交易细则。在制定细则的同时，也应当注意各类流转业务在交易流程、规则要求方面的统一和一致性，这一方面可保证交易规范性，另一方面也有助于提高交易效率。

二是建立流动性促进机制。根据发达国家市场的经验，做市商制度是增加资产流动性和市场活跃度的有效手段，尤其是在市场投资者培育阶段。因此，建议参考做市商制度，在信贷资产流转市场中建立相应的流动性促进机制，引导并鼓励银行等机构担任信贷资产流转产品的流动性促进机构，为标准化程度高、投资人认可程度高的信贷资产流转产品提供产品报价和成交服务，为二级市场交易提供价格信号和流动性支持，引导更多市场参与主体积极参与二级市场交易，提升市场流动性。

三是完善信贷资产估值机制，建立贷款收益率曲线与指数。目前信贷资产流转业务第三方估值机制已初步建立，首批信贷资产估值成果已经发布。建议不断优化和完善相关估值服务，鼓励和引导市场机构参考使用，探索建立贷款收益率曲线与相关指数产品，为市场提供全方面的价格参考信息服务。

（五）加强金融基础设施建设

银登中心作为我国信贷资产流转市场中的金融基础设施服务机构，已根据监管政策要求初步搭建了信贷资产的登记、交易、结算及统计监测系统平台，保障了市场运行的平稳有序和透明合规。下一步，建议银登中心在如下几个方面继续完善金融基础设施服务。

一是强化集中登记职能，进一步提高登记信息的准确性、全面性和及时性，优化登记业务流程，提高操作便利性；

二是丰富流转交易功能，根据市场需要不断完善现有协议转让、挂牌转让业务流程，并研究推出竞价交易等不同的交易模式；

三是加强存续期管理服务，引导市场机构通过线上渠道办理付息兑付等存续期管理操作，实现资产的全流程管理与追踪；

四是提高统计分析能力，为监管部门、市场机构提供丰富的市场信息与业务数据，完善统计监测信息的报送与反馈机制。

着眼服务实体经济和化解金融风险构建统一的信贷资产流转市场

一个国家的金融市场的建立和发展，既要有通行的范式，也离不开各自经济和金融环境、金融市场定位的特殊性。我国信贷资产流转市场的建设，应从服务实体经济、化解金融风险的需要出发设计相应的制度。

一、发展信贷资产流转市场的现实意义

国外信贷资产流转市场已经有 30 多年的历史。我国早在 1998 年 7 月就签订了国内第一笔贷款转让业务，但此后业务开展中出现了一些问题，导致信贷资产流转市场并未充分发展起来。近年来，监管部门采取了诸多举措在规范中发展信贷资产流转市场。2013 年 7 月，在银监会的指导下，信贷资产流转业务试点正式启动。2014 年 8 月，银行业信贷资产登记流转中心正式成立，负责具体开展信贷资产登记流转工作。然而，由于贷款债权直接转让受限等因素制约，信贷资产流转市场发展仍然缓慢。我国信贷资产流转市场除继续完善具体的制度规则、健全市场体系之外，需要结合金融业发展的时代背景和历史使命，首先在宏观层面明确市场的定位和功能。

从支持实体经济的角度来看，信贷资产流转有助于推动经济增长新旧动能的转换。我国第三产业的占比已经超过第二产业，但是银行调整信贷资产结构难度很大，滞后于经济结构的调整。

银行贷款是实体经济特别是传统产业最主要的融资方式，银行贷款存量在地方融资平台、国有企业等主体和基础设施投资、房地产等领域占比高、贷款期限长，导致银行没有能力和空间支持新产业、新经济发展。信贷资产流转市场可以把银行在传统行业和成熟企业的收益稳定的信贷资产转移给更广泛的机构投资者，盘活存量，同时发挥银行放贷专业能力，利用腾出的信贷空间支持新产业发展。

从化解金融风险的角度来看，信贷资产流转有助于化解不良资产风险。不良资产是金融风险的重要表现形式，尤其体现在隐性和潜在的不良资产规模巨大。多家机构的测算都表明目前的账面不良低估了银行业的实际不良。隐藏在关注类甚至正常类贷款中的不良资产往往来自国有企业特别是大型企业。这类贷款具有以下特点：一是流动性很差，银行都想脱身而不得；二是虽未进入不良，但存在未来进入不良的风险；三是虽在正常付息，但往往是通过多种方式的借新还旧，很多企业的盈利不能覆盖利息支出。由于贷款和其他融资分散，债权人对企业的影响很弱，企业和银行陷入谁也不动、谁也动不了的债务僵局。

通过信贷资产流转，把几家银行对同一家企业乃至同类产业的贷款债权集中起来，再通过市场化债转股等方式，引入先进的管理团队，可以实现对企业乃至产业的重组、产能重新配置。把土地、人员、品牌、渠道等企业原有的处于静止、低效和分散状态的优质资源的价值充分释放出来，形成金融和实体经济的良性互动，实现在实体经济要素重组、效率提升的同时化解金融风险。

从金融业的发展趋势来看，信贷资产流转市场的发展符合历史潮流，具备现实条件。

一是我国银行业处在开放和变革期，不同银行之间业务结构差异较大，有的贷款业务强而存款业务弱，有的则存款业务强而贷款能力弱，通过信贷资产流转这两类银行可以实现互补和共赢。

二是利率市场化的趋势下，银行活期存款的比例持续下降，同时中长期贷款的比重持续升高，导致资产负债的期限不匹配情况越来越严重，信贷资产流转有助于缓解银行面临的流动性风险。

三是强监管和竞争推动银行从重资产向轻资产转变。浦发银行已经提出从"持有型"银行转变为"流转型"银行的战略，试图从风险承担的贷款机构转变为提供专业风险识别、审核、管理的贷款服务机构，同时将收入来源从贷款利差转变为贷款服务费收入，而这也是美国等其他国家银行业的发展趋势。这一转型需要高效的信贷资产流转市场作为支撑。有了信贷资产流转的"正门"，银行就不必再走表外、表表外的"偏门"。

四是未来银行业务发展将更加重视零售，而目前零售资产缺少流动性。近年来金融科技、互联网金融、大数据技术的发展，有助于克服长尾效应，实现对零售资产风险的精确评估，而零售贷款小额分散的特征也适合大数据法则和打包分层，因此信贷资产流转可助力商业银行业务转型。

五是随着利率市场化的深化和货币政策从数量型向价格型转变，信贷规模控制的意义下降，也就不再存在信贷资产流转对信贷规模控制的套利嫌疑。同时，利率市场化也有利于信贷资产定价市场化和相应的避险工具的建立，从而促进信贷资产流转市场发展。

从当前金融环境来看，加快发展信贷资产流转市场具有紧迫性。2017年以来去杠杆、强监管政策在规范金融业发展的同时，也造成了企业融资成本上升和社会融资规模缩量，而银行表外业务回表又受到资本充足率、存贷比的约束。一方面，实体经济"融资难，融资贵"；另一方面，居民部门投资难，缺少低风险的投资渠道。既然信贷资产是存量金融资产的主要形式，那么从信贷资产流转入手，就是匹配投融资的重要和有效方式。

二、不良贷款转让市场形成发展的经验借鉴

贷款根据风险程度分为五类：正常、关注、次级、可疑、损失，其中后三种为不良贷款。不良贷款转让市场是一种特殊的信贷资产流转市场。国外处置不良贷款的资产管理公司通常只是阶段性存在，不良信贷资产流转市场规模有限，而我国的不良贷款转让市场却有持续的发展。我国不良贷款市场产生于化解金融风险的需要，从实践上经历了从政策性到市场化的逐步转变。第一次是1999—2000年，为应对亚洲金融危机的冲击，将四大国有商业银行和国家开发银行的1.4万亿元不良资产按面值剥离到新成立的四大金融资产管理公司，资金来源于央行再贷款和财政部担保的政策性金融债，处置损失最终由国家承担。第二次是国有银行不良资产剥离，其中可疑类贷款多采取了招标转让的方式，资金来源由央行再贷款支持。此后，不良贷款转让实现更充分的市场化，不良资产包价格由市场决定，资产管理公司自担风险、自负盈亏，收购资金来源于商业化融资或自有资金。

长期以来，不良资产批量转让的一级市场由四大金融资产管理公司垄断。2012年以来，伴随新一轮不良贷款的上升，财政部、银监会允许各省级人民政府设立或授权一家资产管理或经营公司，参与本省（区、市）范围内不良资产的批量转让工作。2013年，银监会正式明确了地方资产管理公司资质认可条件等有关问题。与此同时，在不良资产二级市场上，不良资产转让同样是主要处置方式之一，国有、民资以及外资都可以参与。二次转让实现了不良贷款的重新组包和定价，起到了分散风险、在更广范的范围中配置资源的作用。2016年10月，银监会进一步放宽政策，允许有意愿的省级政府增设一家地方资产管理公司，并取消不良资产不得对外转让的限制。地方政府对设立地方资产管理公司非常积极，目前各地已经设立了近60家地方资产管理公司，深度参与不良资产市场。

不良贷款转让市场的形成和发展，一方面发挥了快速处置不良、隔离和化解风险的作用，实现了银行改制上市、国有企业改革、最大限度保全国有资产等宏观目标；另一方面，通过市场竞争机制促进价格发现，同时在分业经营的条件下，金融资产管理公司等市场主体可以采用更多方式、利用资本市场、在更长周期对不良资产经营管理，最大化处置收益。一级市场相对封闭和二级市场相对开放的制度设计，能够避免市场过度竞争，维护市场秩序，防范道德风险，保障有效监管。

不良贷款转让市场化程度的逐步提高和制度设计的持续改进，适应了不良贷款市场的特殊性，有助于提高市场效率。不良贷款具有特殊性。一是定价困难。在最初市场主体缺乏经验的前提下，贸然放开一级批发市场容易造成市场定价混乱。不良资产转让从行政化到市场化的逐步转变，既适应了中央政府风险处置责任的逐渐降低，也适应了金融资产管理公司在发展中逐步积累经验的需要，适应了其从政策性金融机构到具备专业定价能力的商业性机构的成长过程。二是周期性形成、阶段性释放。以往不良资产的大规模形成于行政干预、体制转轨等特定制度环境。在市场经济体系建立后，只有当不良快速增长，银行难以在短期内完全处置，又由于监管要求需要出表的情况下，才有不良资产转让市场阶段性的活跃。由于这种周期特性，四大金融资产管理公司在经济景气时会面临不良资产市场萎缩、"无米下炊"的困境。而设立地方资产管理公司，是在不良贷款持续增长、金融资产管理公司已经多元化经营并形成可持续发展业务模式和中央—地方金融风险处置责任分解条件下作出的新的制度安排。

不良资产转让给监管带来了压力和挑战。一是有的银行资产非清洁出表，风险没有化解而只是被隐藏。二是在地方资产管理公司等新的主体进入、同时引入地方的监管职责后，需要加强监管协调以实现不良资产从形成、转让到处置的全过程监管，防范利益输送和道德风险等问题。三是尽管不良信贷资产流转市场不断发展壮大，但市场基础设施建设一直存在短板，这不仅影响了资产处置效率，也是有效监管的重要制约因素。例如，目前对银行不良贷款收购、处置还没有完善的信息披露制度、统计制度和信息共享平台。

三、促进我国信贷资产流转市场发展的政策建议

化解金融风险和增强金融服务实体经济的能力，需要金融监管和市场建设并重。当前，在加强监管防控风险、促进资金脱虚向实的基础上，需要进一步完善市场机制、发挥市场作用以化解

风险和服务实体经济。建设信贷资产流转市场就是其中的重要手段。

第一，从服务实体经济和化解金融风险的需要出发，对信贷资产流转市场重新定位并赋予功能，构建统一的信贷资产流转市场。信贷资产流转市场可以重点从两类资产起步，一类是不良贷款，另一类是小微企业贷款和消费类贷款，这两类贷款银行转出的意愿相对强烈，而市场也具有较强的投资需求。形式上盘活信贷资产存量可以有两种方式，一种是通过资产证券化方式将信贷资产标准化，并使之逐步成为金融机构资产管理的主要配置内容，另一种是同样保留标准化的形式，建设相对独立的信贷资产流转市场体系。信贷资产流转市场建设应与市场化债转股等其他宏观政策相衔接，发挥政策合力，使信贷资产流转市场尽快形成并发挥作用。

第二，逐步完善信贷资产流转的市场体系和配套基础设施。考虑到不良资产转让市场建立发展的特殊时代背景和制度环境，信贷资产流转市场很难从具有政策性功能的市场起步，因此难度更大，制度设计应按照循序渐进的原则，可采取试点方式，根据市场发展实际，不断改进和完善。首先，可以将不良资产转让市场和正常类信贷资产流转市场纳于统一平台进行集中登记、信息披露和统计监测，以便于监管协调和全面监管。其次，不断建立健全信贷资产交易结算平台、信用评级机构、第三方定价机构、自律组织，完善风险定价机制、信用评级体系、做市商制度和避险工具。最后，在增强信贷资产的风险识别、度量和控制的基础上，有序打破信贷资产流转中的刚性兑付，实现信贷资产风险定价和资产流转中信用风险的完全转移。

第三，联通信贷资产流转市场和资本市场。积极发展资本市场，培育壮大差异化和成熟专业的信贷资产的机构投资者队伍，在监管上增强协调性和包容性。

>> **专题6**

中国信贷资产流转市场发展展望

——IHS Markit 公司的建议

一、市场现状观察

(一) 总体情况

1. 中国的信贷市场处于非常活跃的状态，很多银行希望为企业扩张提供贷款，而实体经济的增长取决于这些银行提供贷款的意愿。

2. 中国市场上的可投资资产数量较少，难以满足非银行投资者的投资需求——部分原因是大量的资产缺乏流动性，贷款的出借方无法轻易地交易或转让相关资产。而流动性的缺乏会导致市场缺少投资者，进而造成贷款发放量的下降和资产荒。

3. 中国的很多银行对包括双边贷款、抵押贷款、信用卡应收账款、银团贷款和其他信用工具在内的多种信贷资产都有强烈的流动性需求，这些资产可以以单笔资产或资产包的形式、以证券化或非证券化产品的形式进行转让。

4. 扩大贷款规模，需要在很多方面做出努力，其中正确的态度和认识是最为重要的，而我们在中国市场中刚好观察到了这一点。

(二) 市场实践

1. 中国的银行业发展正面临转型，其资产负债表中持有太多贷款，束缚了资本，进而制约了银行发放贷款或投资的能力。

2. 银行应向投资银行转型，发挥其在借贷关系的组织等方面的优势，为借款人提供金融服务，但不一定由银行自己为贷款提供资金。

3. 为了更好地支持实体经济，信用评级不高的公司也应获得信贷融资服务：

（1）传统中仅向高评级公司提供贷款的方式难以促进经济发展，所以政策需要作出相应改变；

（2）向评级相对较低的公司发放的贷款将有更高的利率，以补偿其高风险；

（3）持有多元化的、风险特征各不相同的贷款，有利于分散并降低因借款人违约带来的风险。

4. 在中国市场的文化观念中存在如下预期，即投资可能不会产生收益，但绝不会丧失本金（特别是对理财产品来说存在刚兑的问题）：

（1）这给银行带来了很大压力，他们经常需要负责弥补投资亏损；

（2）这种市场惯例做法需要改变，这是一个经济体在发展成熟过程中的必经历程；

（3）明确的第三方投资担保（如英国的 FSCS①）可以减轻银行面临的潜在兜底压力；

———————

① FSCS：Financial Services Compensation Scheme，即金融服务补偿计划。其中规定：任何英国公司一旦被金融服务管理局（FCA）批准在英国运营，该公司则自动成为金融服务补偿计划有限公司（FSCS）的成员。任何一个 FSCS 成员面临倒闭或可能倒闭时，其合格的存款人或投资人或投保人都能从 FSCS 获得一定比例的赔偿。

（4）这很可能为 CDS 或类 CDS 产品的发展创造机会。

5. 必须通过推动市场需求（资金端）的增长以拉动市场供给（资产端）：

（1）如果银行能作为贷款的发起方而无须持有全部贷款，他们就能在维持较低资本规模的情况下支持贷款的创设；

（2）银行和资产管理机构都需要积极参与该市场的投资，共同为企业借贷提供必要的资金。

（三）扩充投资者队伍

1. 市场的发展需要众多风险偏好不同的投资者的参与。

目前，中国信贷流转市场的投资者很大一部分来自庞大的银行业体系，但最终还是需要有着不同风险偏好的各类资产管理机构（如共同基金、对冲基金、CLO、养老金、保险金等），因为他们拥有大量的资金可用于投资。

2. 银行将逐渐转型为做市商的角色，并引入更多中介机构提供经纪商服务。

3. 一旦信贷资产对市场而言变得更加可理解、可预测，需求就将拉动供给。

信贷资产可理解、可预测的前提，是市场中存在明确的标准、规范，监管对信贷资产的地位予以明确认可，而交易、结算等业务流程也被市场广泛理解。

二、关于监管制度的建议

（一）贷款的资产分类

1. 概述

应明确将贷款定义为标准化资产，特别是那些通过规范的线上平台进行结算，或使用标准合约进行交易结算的贷款。另一种方法是明确对贷款类资产不再套用标准/非标准的定义分类。

放宽资产分类可以鼓励贷款的发放和交易，从而带来更多的贷款和更大规模的投资者队伍。

2. 说明

市场参与者如果担心政策的模糊性或未来政策的潜在变化，就会对进入这一市场犹豫不决。政策的清晰明确是培育需求和鼓励市场参与的关键。

（二）贷款的资本结构优先级

1. 概述

对借款人破产时贷款资产所处的地位，需要有明确的监管定义，应在借款人的资本结构中，将贷款确认为偿还优先级最高的资产。贷款必须被视为一种有明确的投资者权利定义的有效投资。

2. 说明

在美国，银团贷款优先级最高且一般都有担保物，因此它在借款企业的资本结构的顶端。这意味着贷款的债权人有权以最高的优先权进行追偿。因此，美国银团贷款的借款人在违约的情况下回收率很高，这在很大程度上促进了美国市场对银团贷款的需求。

（三）市场结构

1. 概述

应放开非银行参与者直接或间接参与贷款投资的限制，并鼓励贷款债权的直接转让。

2. 说明

在美国，CLO、共同基金、对冲基金和养老金等非银行机构是贷款投资需求增长的主要来源。这些机构为贷款市场带来了大量风险偏好不同的投资者群体：既包括那些偏好低风险低收益的投资者——他们希望投资于投资级企业（评级 BB 以上）的贷款，也包含那些偏好高风险的投资者——他们更喜欢投资中小企业贷款的 CLO 产品，而且希望投资这些 CLO 产品的劣后级。

此外，买断式转让（债权直接转让）是美国市场中最为普遍的、最简单的资产流转方式，也是一种很容易被理解的所有权转让和投资的方法。

三、对业务标准化的建议

（一）贷款协议标准化

1. 概述

贷款协议的结构应该尽可能相似，应使用统一的文档框架和市场术语来定义或描述资产。

这种相似性使不同的投资者更易于熟悉贷款结构、条款，从而更愿意参与贷款投资。

对于那些希望吸引境外投资者的企业，建议在贷款合同签署时就使用中、英双语签署。

2. 说明

如果投资者难以理解贷款协议的核心条款，他们将会花费更多的时间去试图理解每笔资产的具体情况，这违背了如下市场理念——成熟的市场应保证各方都对资产的基础特征有足够的了解。

投资者做投资分析的重点应该放在借款人资质和资产的核心细节上，而不是花费精力来理解合同的文字表述。没有贷款协议的标准化，二级市场交易将会受到阻碍，并且很难发展到期望的水平。

（二）交易文档标准化

1. 概述

交易文档应该事先标准化，包括交易确认书、转让协议、报价/支付合约、标准条款（包括计算方法）等。在讨论交易要素时，相关术语也需要是标准化的。

2. 说明

资产的交易和结算应尽可能地可预测和可理解，特别是在市场希望大部分文档能自动生成并处理的情况下。

四、对平台和数据的建议

（一）资产估值和定价

1. 概述

在一个成熟的市场中，资产估值和定价服务是非常重要的。

2. 说明

非银行投资者通常缺乏能够对资产价值进行合理评估的专业人员，而要参与贷款市场投资，准确可靠的资产定价又是必不可少的，很多机构可能因此无法参与该市场。

因此，估值、定价服务对于促进投资者进入市场有重要意义，同时也能提供第三方的价格参考，避免投资者在盯市时高估或低估其持有资产的价值。

（二）交易平台/场所

1. 概述

应建立一个基于网络的交易平台，在此平台上既允许出让方发布拟出让资产，也允许投资者发布其受让资产的意愿。

平台应允许各方通过买卖报价进行谈判并达成交易。

2. 说明

对于投资者来说，很难知道市场上有哪些资产是可以投资的。此外，许多投资者与那些作为做市商的大型银行之间并未建立足够紧密的联系。

交易平台能够帮助交易者迅速找到对手方，提高交易流动性。交易平台必须以买卖双方达成交易为最终目的。

（三）结算平台

1. 概述

应建立一个基于网络的结算平台，在此平台上允许各方办理交易成交后的处理程序，促进交易结算和支付。该平台应包含文档生成、文档签署、交易流程管理及协作、报告生成等功能。

2. 说明

结算流动性是成熟市场的重要特征。以标准化的方式进行结算可增进市场互信，为没有经验的投资者进入市场投资提供了便利。结算的标准化和电子化使信息报送更为便捷，监管机构和服务提供商能够更好地跟踪市场，分析市场的深度和广度。

五、结论

中国的信贷市场有很大的发展潜力，可通过提升信贷资产的流动性来更好地为需要发展的企业提供资金，这是信贷流转市场发展的最终目的。这一市场发展的速度，取决于市场各方有多大的意愿去制定并实施关键的业务标准、流程和指引。我们乐观地认为，目前中国的市场环境是有利于该市场发展的，市场各方均抱有很大的意愿和期待去努力建设一个流动性高、稳定且有影响力的信贷市场。

The Outlook Of China's Loan Market: Suggestions from IHS Markit

Market Fundamentals

General Observations

- The market is in a very positive state with many firms eager to extend loans to companies who need the capital in order to fund expansion.

- This attitude is critical as the willingness to lend is the key to economic growth.

- However, there is an insufficient amount of assets in the Chinese market to satisfy the investment needs of firms.

  —Part of this is simply a lack of liquidity support so that firms can trade/transfer assets easily.

- The lack of liquidity results in fewer investors which results in fewer loans being originated, contributing to the lack of assets.

- We have observed a strong interest by Chinese firms in creating liquidity for a number of assets related to credit including bilateral loans, mortgages, credit card receivables, syndicated loans and other credit instrument.

——These could be traded in a bespoke fashion or in packaged form as both securitized and non-securitized product.

- In order to expand lending, a number of areas must be addressed, however, having the right attitude is most important and we see that in the Chinese market.

Market Practices

- Banking is at an inflection point where too many loans are held on their books, tying up capital which reduced further lending or investment.

- Banks need to change to behave more like investment banks by facilitating credit and providing banking relationships to their borrowers but not necessarily funding loans.

- Credit needs to be extended to firms that are not as highly rated in order to fuel the economy.

——The traditional approach of providing lending only to highly rated companies will not grow the economy and so a change in policy needs to take place.

——These loans would carry higher interest in order to compensate for the risk.

——Holding a variety of loans with different risk profiles would provide appropriate diversification to mitigate defaults which undoubtedly will happen.

• There is a cultural expectation that, while investments may not produce yield, the original principal will never be lost (especially for wealth management products).

—This creates a significant amount of pressure on banks and makes them often responsible for covering losses.

—This practice needs to change as part of the maturation process of any economy.

—Explicit investment protection guarantees (e. g. UK's FSCS) would reduce the pressure imposed on banks due to implicit expectation of guarantees.

—This may very well create an opportunity for a CDS or LCDS-like product.

• Need to drive demand in order to necessitate greater supply.

—Assuming banks are able to be initiators of debt without having to hold it, they will be able to support the creation of syndicated loans without the need to hold significant capital.

—Demand needs to come from both banks and asset management firms which will provide necessary capital into the lending space.

Expanding the Investor Group

• Market growth necessitates a broader set of lenders and investors with varying risk appetites.

—Much of this will come from the already broad banking community in China but, ultimately, there will be a need to introduce asset management firms with varying profiles (mutual funds, hedge funds, CLOs, pension funds, insurance funds, etc.) as they will have a large amount of capital to invest.

● Banks will need to transition to a market-making role along with the introduction of more intermediary institutions providing broker services.

● Demand will drive supply once the assets become more well understood and predictable.

—This generally happens once standards are in place, regulators have been clear regarding the status of these assets and it is well-understood how to trade/settle transactions.

Regulatory

Recommendations

Asset Classification

Description

● Syndicated Loans should be explicitly defined as a standard asset especially if settled via online platform and/or if traded/settled using standard documentation.

● Another approach could be to explicitly exempt loans from the standard/non-standard classification model.

● Easing the classification will encourage both the origination and trading of syndicated loans, resulting in more loans and a larger investor group.

Rationale

- Parties will be hesitant to enter the space if they are concerned about ambiguity or future change in policy.

- Clarity is key to foster appetite and encourage market participation.

Capital Structure

Description

- Clear regulatory definition regarding the position of loans from a bankruptcy standpoint.

- Loan assets to be recognized at the top of the capital stack.

- Loans should be viewed as a solid investment with a clear definition of investor rights.

Rationale

- In the US, syndicated loans are senior secured and are therefore at the topic of a corporation's capital structure.

- This means that lenders are entitled to recover their money at the highest urgency.

- Recovery rates in the US are very high.

- This heavily influences the demand for syndicated loans.

Market Structure

Description

- Ease of restrictions on non-bank market participants' ability to buy and sell loans outright or exposures to loans.

- Encourage the direct assignment or transfer of obligations from seller to buyer.

Rationale

- In the US, non-bank institutions such as mutual funds, hedge funds or pension funds are a driving force for demands for loan investments.

- Those firms bring investors with a wide range of risk appetite-At one end of the spectrum, there are investors who are looking for a low yield but safe IG-grade loans. At the other end, there are investors with a high risk appetite who prefer CLO equity tranches made up of smaller borrowers.

- Assignment is the most common method for transferring assets and the simplest, resulting in a well understood method for the transfer of ownership and, therefore, investment.

Standardization

Recommendations

Credit Agreements

Description

- Credit Agreements should be structured in a similar way.

- Assets need to be described in a similar fashion utilizing common document frameworks and terminology.

- This similarity is part of what allows firms to engage in lending due to the familiarity with common loan structures.

- For firms who are interested in foreign investment, it is encouraged that original Credit Agreements be written with both Chinese and

English versions at origination.

Rationale

- If firms do not easily understand the core principles of a credit agreement, they will spend more time trying to understand the specifics of the asset.

- This goes against the idea of a developed market with well-known asset fundamentals.

- Credit analysis should be focused on the borrower and the core details of an asset rather than the interpretation of language.

- Without this, trading will be hindered and not grow to target levels.

Trade Documents

Description

- Trading documentation needs to be standardized.

—Includes trade confirmations, transfer documents, pricing/payment documentation and Standard Terms and Conditions (including calculations).

- Terminology also needs to be standardized when discussing trade terms.

Rationale

- The trading and settlement of assets needs to be predictable and understandable.

- This is especially true as a market looks to automate much of the document generation and execution.

Platforms and Data

Recommendations

Asset Pricing & Valuation

Description

- Asset pricing and valuation services are critical in a developed market.

Rationale

- Firms often do not have the requisite in-house staff with the skillset to appropriately assess assets.

- If this is a requirement in order to participate in the space, many firms will not participate as they will not be able to accurately and reliably price assets.

—Without reliability, firms will not be able to have confidence in the true value of their assets.

- These services are critical to foster entry into the market and provide third party control to protect against improper marking of investment books.

—Without control, firms may overstate the value of their assets or potentially undervalue them.

Trading Platform/Marketplace

Description

- A web-based platform that allows parties to post assets for sale as well as communicate their interest in acquiring assets.

• Platform should allow for parties to negotiate via bid/ask and reach execution.

Rationale

• It is generally challenging for firms to know what assets are available in the market.

• Additionally, many firms do not have many relationships with large banks who will act as pure market-makers.

• A marketplace facilitates the ability for buyers and sellers to find each other quickly, offering greater trading liquidity.

—Trading liquidity refers to the ability to buy or sell an asset easily.

• Must result in execution.

—Refers to the fact that the platform's purpose must be to arrive at the execution of a trade.

Settlement Platform

Description

• A web-based platform that allows parties to engage in the post-trade process, facilitating the settlement and payment of trades after execution.

• Should include document generation, document signing, trade workflow and collaboration and reporting.

Rationale

• Settlement liquidity is a key tenet of a developed market.

—Settlement liquidity refers to the ability to settle trades easily post-execution.

- The ability to settle trades in a consistent, predictable fashion fosters greater trust and a simpler path for inexperienced firms to enter the market.

- Allows for simpler reporting across the market, allowing regulators and service providers the ability to track and analyse market depth and breadth.

Conclusion

The Chinese credit market has excellent potential to develop strong asset liquidity with the ultimate goal of facilitating cash availability to firms in need of investment for growth. The velocity of this change is completely dependent on the willingness of multiple constituencies to define and adopt critical standards, processes and guidance. We are optimistic that the right environment exists for this change with both great optimism and willingness to work towards the ultimate goal of a liquid, stable and impactful credit market.

中国信贷资产登记流转市场发展研究

Disclaimer

The IHS MARKIT reports and information referenced herein (the " IHS MARKIT Materials") are the copyrighted property of IHS MARKIT Inc. ("IHS MARKIT") and represent data, research, opinions or viewpoints published by IHS MARKIT, and are not representations of fact. IHS MARKIT conducted this analysis and prepared the IHS MARKIT Materials utilizing reasonable skill and care in applying methods of analysis consistent with normal industry practice. Forecasts are inherently uncertain because of events or combinations of events that cannot reasonably be foreseen including the actions of government, individuals, third parties and competitors. The IHS MARKIT Materials speak as of the original publication date thereof (and not as of the date of this document). The information and opinions expressed in the IHS MARKIT Materials are subject to change without notice and IHS MARKIT has no duty or responsibility to update the IHS MARKIT Materials. Moreover, while the IHS MARKIT Materials reproduced herein are from sources considered reliable, the accuracy and completeness thereof are not warranted, nor are the opinions and analyses which are based upon it. To the extent permitted by law, IHS MARKIT shall not be liable for any errors or omissions or any loss, damage or expense incurred by reliance on the IHS MARKIT Materials or any statement contained therein, or resulting from any omission. NO IMPLIED WARRANTY OF MERCHANTABILITY OR FITNESS FOR A PARTICULAR PURPOSE SHALL APPLY. The IHS MARKIT Materials are not to be construed as legal or financial advice, are supplied without obligation and on the understanding that any person who acts upon the IHS MARKIT Materials or otherwise changes his/her position in reliance thereon does so entirely at his/her own risk. The IHS MARKIT Materials were prepared for the sole benefit of IHS MARKIT' client for IHS MARKIT' client' s internal business use. No portion of the IHS MARKIT Materials may be reproduced, reused, or otherwise distributed in any form without the prior written consent of IHS MARKIT. IHS MARKIT Materials reproduced or redistributed with IHS MARKIT' permission must display IHS MARKIT' legal notices and attributions of authorship. IHS MARKIT and the IHS MARKIT globe design are trademarks of IHS MARKIT. Other trademarks appearing in the IHS MARKIT Materials are the property of IHS MARKIT or their respective owners.

附录 1

中国银监会办公厅关于银行业信贷资产
流转集中登记的通知
（银监办发〔2015〕108 号）

各银监局，各政策性银行、大型银行、股份制银行，邮储银行，外资银行，金融资产管理公司，其他会管金融机构，银行业信贷资产登记流转中心：

　　根据国务院提出的"盘活货币信贷存量，支持实体经济转型升级"的工作要求，为进一步规范信贷资产流转业务，完善非现场监管，决定开展银行业信贷资产流转集中登记工作。现就有关事项通知如下：

　　一、银行业金融机构开展信贷资产流转业务，即将所持有的信贷资产及对应的受益权进行转让，应实施集中登记，以促进信贷资产流转规范化、透明化，实现对信贷资产流向的跟踪监测。鉴于当前银行业金融机构开展的信贷资产流转规模较大、交易结构复杂多样，应本着先易后难、循序渐进的原则推进集中登记工作。

　　二、银行业信贷资产登记流转中心（以下简称信贷资产登记中心）承担信贷资产集中登记职能。信贷资产登记中心应本着为市场服务的宗旨，制定相关登记规则，明确实施细则和操作流程，建立安全、高效运行的技术系统，完善软、硬件设施，充分发挥金融基础设施机构的作用。各银行业金融机构应规范业务流程，做好技术准备，健全风险管控，确保信贷资产流转集中登记工作有序开展。

三、信贷资产登记中心应保障信贷资产登记的准确性、及时性、完整性；为银行业金融机构提供必要的技术支持和相关服务；确保登记客户信息的保密安全；严格履行日常监测和统计职责，服务于银监会的非现场监管要求；根据监管要求定期提交登记情况报告，促进银行业金融机构信贷资产流转健康、有序开展。

2015 年 6 月 25 日

（此件发至银监分局与地方法人银行业金融机构）

中国银监会办公厅关于规范银行业金融机构信贷资产收益权转让业务的通知

（银监办发〔2016〕82 号）

各银监局，各政策性银行、大型银行、股份制银行，邮储银行，外资银行，金融资产管理公司，其他会管金融机构，银行业信贷资产登记流转中心：

近年来，银行业金融机构开展信贷资产收益权转让业务，对进一步盘活信贷存量、加快资金周转发挥了积极作用，但部分业务存在交易结构不规范不透明，会计处理和资本、拨备计提不审慎等问题。为促进信贷资产收益权转让业务健康有序发展，现就有关事项通知如下：

一、信贷资产收益权转让应当遵守"报备办法、报告产品和登记交易"相关要求

（一）报备办法。银行业金融机构应当制定信贷资产收益权转让业务管理制度；银行业信贷资产登记流转中心（以下简称银登中心）应当根据银监会相关要求，制定并发布信贷资产收益权转让业务规则和操作流程，并及时报送银监会备案。

（二）报告产品。银登中心应当根据银监会相关要求，制定并发布产品报告流程和备案审核要求；银行业金融机构应当向银登中心逐笔报送产品相关信息。

（三）登记交易。出让方银行应当依照《中国银监会办公厅关于银行业信贷资产流转集中登记的通知》（银监办发〔2015〕108号）相关规定，及时在银登中心办理信贷资产收益权转让集中登记。

二、信贷资产收益权转让应当依法合规开展，有效防范风险

（一）出让方银行应当根据《商业银行资本管理办法（试行）》，在信贷资产收益权转让后按照原信贷资产全额计提资本。

（二）出让方银行应当按照《企业会计准则》对信贷资产收益权转让业务进行会计核算和账务处理。开展不良资产收益权转让的，在继续涉入情形下，计算不良贷款余额、不良贷款比例和拨备覆盖率等指标时，出让方银行应当将继续涉入部分计入不良贷款统计口径。

（三）出让方银行应当根据《商业银行贷款损失准备管理办法》《银行贷款损失准备计提指引》和《金融企业准备金计提管理办法》等相关规定，按照会计处理和风险实际承担情况计提拨备。

（四）出让方银行不得通过本行理财资金直接或间接投资本行信贷资产收益权，不得以任何方式承担显性或者隐性回购义务。

（五）信贷资产收益权的投资者应当持续满足监管部门关于合格投资者的相关要求。不良资产收益权的投资者限于合格机构投资者，个人投资者参与认购的银行理财产品、信托计划和资产管理计划不得投资；对机构投资者资金来源应当实行穿透原则，不得通过嵌套等方式直接或变相引入个人投资者资金。

（六）出让方银行和其他相关交易主体应当审慎评估信贷资产质量和风险，按照市场化原则合理定价，必要时委托会计师事务所、律师事务所、评级机构、估值机构等独立第三方机构，对相关业务环节出具专业意见。

（七）出让方银行和其他相关交易主体应当按照有关要求，向投资者及时、准确、完整地披露拟转让收益权的信贷资产相关情况，并及时披露对投资者权益或投资收益等产生重大影响的突发事件。

（八）符合上述规定的合格投资者认购的银行理财产品投资信贷资产收益权，按本通知要求在银登中心完成转让和集中登记的，相关资产不计入非标准化债权资产统计，在全国银行业理财信息登记系统中单独列示。

三、银登中心应当加强市场监督，并及时报告重要情况

（一）开展业务产品备案审核。审核内容包括但不限于资产构成、交易结构、投资者适当性、信息披露和风险管控措施等。

（二）加强市场基础设施建设。完善信贷资产收益权转让相关平台功能，加强软硬件设施建设，保障系统运行的稳定性和连续性。

（三）及时报告重要情况。定期向银监会报告信贷资产收益权转让产品备案、登记转让信息和相关统计分析报告。发生重大突发事件时，应当及时向银监会报告。

四、银行业监督管理机构对银行业金融机构的信贷资产收益权转让业务实施监督管理，必要时根据《中华人民共和国银行业监督管理法》等法律法规，采取相关监管措施或者实施行政处罚。

2016 年 4 月 27 日

（此件发至银监分局与相关地方法人银行业金融机构）

附录 3

中国银监会办公厅关于做好
2017 年小微企业金融服务工作的通知
（银监办发〔2017〕42 号）

为深入贯彻中央经济工作会议精神，落实 2017 年银行业监督管理工作会议部署，强化监管引领和政策支持，持续提升小微企业金融服务质效，现就做好 2017 年小微企业金融服务工作有关事项通知如下：

一、努力实现"三个不低于"目标

坚持稳中求进总基调，按照风险可控、商业可持续原则，确保小微企业贷款投放稳步增长。努力实现小微企业贷款增速不低于各项贷款平均增速、户数不低于上年同期户数、申贷获得率不低于上年同期水平的总体目标，继续提升小微企业信贷总量、服务覆盖面和满意度。

二、优化考核指标，突出差异化导向

2017 年在保持"三个不低于"总体目标不变的前提下，进一步改进优化以下指标内容和考核方式。

在小微企业贷款增长的考核上，对 2016 年末小微企业贷款余额占各项贷款余额的比重达到一定标准的商业银行，允许按增速或增量自主选择指标考核。该项占比未达到一定标准的商业银行，继续按增速指标予以考核。

在申贷获得率的考核上，对 2016 年末小微企业申贷获得率达到 90% 以上的商业银行，2017 年不考核该指标，转为日常监测；小微企业申贷获得率在 90% 以下的商业银行，2017 年继续考核该指标。同时，为更好地统计分析小微企业通过互联网线上渠道申请获得贷款情况，从 2017 年起，商业银行试行按线上、线下两种贷款渠道分别统计和报送申贷获得率数据。

三、单列信贷计划，确保投放力度

商业银行要按照小微企业贷款增长的考核要求，年初单列全年小微信贷计划，执行过程中不得挤占、挪用。

大型银行、股份制银行、邮政储蓄银行和银监会直接监管的外资银行应于 2017 年 3 月 31 日前向银监会普惠金融部报送全年小微信贷计划，报送内容应包括本行各一级分行全年小微信贷计划额度。地方法人商业银行应向属地监管部门报送全年小微信贷计划。报送文件应经本行主要负责人签字认可。

开发银行和政策性银行应当根据自身战略定位，积极履行社会责任，做好小微企业金融服务。

四、完善机构体系，下沉服务重心

在做实现有专营机构的基础上，进一步完善服务小微企业的机构体系。鼓励大中型商业银行探索设立普惠金融事业部，其他银行业金融机构根据自身情况，探索采用事业部、小微金融中心、子公司等形式，进一步落实差别化的考核评价办法和激励约束机制，整合和倾斜对小微企业金融服务的资源配置。

着力发挥地方法人银行在普惠金融方面的作用，推动服务向基层、社区和县域延伸。促进农村中小金融机构经营管理重心下沉，保持县域法人地位的长期总体稳定。坚持民营银行设立一家办好一家的基本导向，鼓励创新，审慎监管，有序推动民营银行发展。

五、创新服务模式，提升信贷服务效率

鼓励银行业金融机构进一步利用新技术、新手段，创新小微金融服务模式。鼓励银行业金融机构根据自身信息技术水平，加强小微金融与"互联网＋"的融合，利用大数据工具，丰富获客手段，提升信息采集与分析能力。要充分运用手机银行、网上银行等新渠道为小微企业提供综合性金融服务，提高服务便利度。

支持银行业金融机构改进信贷流程和信用评价模型，科学设定授信审批条件，在做好风险管控的基础上，合理压缩小微企业信贷获得时间。支持有条件的银行业金融机构在内部操作流程中对小微企业贷款办理时限作出明确规定。

六、积极落实续贷政策，改进贷款管理

银行业金融机构要积极落实无还本续贷监管政策，制定内部配套制度文件。在守住风险底线的基础上，支持银行业金融机构合理提高无还本续贷业务在小微企业贷款中的比重，并根据自身风险管控水平和信贷管理制度，自主决定办理续贷业务的范围。

鼓励银行业金融机构为小微企业合理设置流动资金贷款期限，研发适合小微企业的中长期固定资产贷款产品。在风险可控的前提下，银行业金融机构可自主确定小微企业贷款资金支付方式。

七、丰富信贷资产流转方式，整合信贷资源

支持银行业金融机构通过多种方式盘活小微企业信贷资源。鼓励符合条件的银行业金融机构一次注册、自主分期发行，开展

小微企业贷款资产证券化业务。稳步推进银行业金融机构在银行业信贷资产登记流转中心合规开展小微企业信贷资产流转和收益权转让业务。

对商业银行理财产品投资小微企业信贷资产流转和收益权转让相关产品，按银监会有关规定在银行业信贷资产登记流转中心完成转让和集中登记的，相关资产不计入非标准化债权资产统计。

八、提高小微企业贷款不良容忍度，拓宽不良资产处置渠道

商业银行小微企业贷款不良率高出自身各项贷款不良率年度目标 2 个百分点（含）以内的，或小微企业贷款不良率不高于 3.5% 的，可不作为监管部门监管评级和银行内部考核评价的扣分因素。商业银行要落实《中国银监会关于进一步加强商业银行小微企业授信尽职免责工作的通知》（银监发〔2016〕56 号）要求，制定和完善具备可操作性、符合小微企业授信特点的内部尽职免责制度办法。

进一步拓宽小微企业不良资产处置渠道。在不良资产证券化试点框架下，鼓励试点金融机构发行小微企业不良贷款资产支持证券。鼓励银行业金融机构通过银行业信贷资产登记流转中心合规开展小微企业不良资产收益权转让试点，稳步扩大试点银行和信托机构范围；通过信贷资产流转平台，依法合规批量转让符合条件的小微企业不良贷款。

九、明确监管督导考核责任，加强检查整改

继续坚持以法人银行为主体，银监会和银监局上下联动的监管督导和考核方式。各银监局负责督促辖内法人银行整体完成"三个不低于"目标，同时督促辖内大型银行、股份制银行、邮储

银行及银监会直接监管的外资银行的一级分行完成总行分配的小微信贷计划。各银监局应于 2017 年 4 月 15 日前汇总辖内法人银行年度小微企业信贷计划，报送银监会普惠金融部。

各级监管部门要将推进小微企业金融服务工作纳入日常非现场监管，完善常态化的监管督导机制。要加强对小微企业贷款统计数据真实性、准确性的核查，督促银行业金融机构确保数据报送质量。要持续监测分析、适时通报"三个不低于"目标和信贷计划完成情况，探索加强对商业银行小微企业信贷服务的评估，将评估结果作为商业银行分支机构设立审批、监管评级等机制的重要参考。要持续督促银行业金融机构落实金融支持小微企业发展的各项政策和监管要求。要梳理 2016 年民营企业"融资难，融资贵"专项检查发现的问题，切实加强整改，组织开展"回头看"专项治理工作。

各级监管部门要组织银行业金融机构从机制、渠道、产品等多个维度，系统地总结小微企业金融服务的好经验、好做法，指导银行业金融机构结合自身战略定位和业务特点加强经验交流和宣传推广。

附录 4

中国银监会办公厅关于 2018 年推动银行业小微企业金融服务高质量发展的通知
（银监办发〔2018〕29 号）

各银监局，各政策性银行、大型银行、股份制银行，邮储银行，外资银行：

为深入贯彻落实党的十九大、中央经济工作会议和全国金融工作会议精神，着力缓解小微企业金融服务供给不充分、结构不均衡的问题，引导银行业小微企业金融服务由高速增长转向高质量发展，现就 2018 年进一步做好小微企业金融服务工作有关事项通知如下：

一、总体要求

引导银行业金融机构加强对普惠金融重点领域的支持，聚焦小微企业中的相对薄弱群体。自 2018 年起，在银行业普惠金融重点领域贷款统计指标体系的基础上，以单户授信总额 1000 万元以下（含）的小微企业贷款（包括小型微型企业贷款＋个体工商户贷款＋小微企业主贷款，下同）为考核重点，努力实现"两增两控"目标："两增"即单户授信总额 1000 万元以下（含）小微企业贷款同比增速不低于各项贷款同比增速，有贷款余额的户数不低于上年同期水平；"两控"即合理控制小微企业贷款资产质量水平和贷款综合成本（包括利率和贷款相关的银行服务收费）水平。

为落实《中共中央？国务院关于服务实体经济防控金融风险深化金融改革的若干意见》（中发〔2017〕23 号）"确保小微企业金融服务增速、户数、申贷获得率维持在合理区间"的要求，2018 年将继续统计、监测全口径小微企业贷款（即国标小型微型企业＋个体工商户＋小微企业主贷款，下同）数据，但不再作为考核要求。

二、分类实施考核，兼顾总量增长和结构优化

（一）大型银行、股份制银行和邮储银行

1. 考核指标：努力实现"单户授信总额 1000 万元以下（含）小微企业贷款同比增速不低于各项贷款同比增速，有贷款余额的户数不低于上年同期水平"。

2. 差异化考核：（1）对 2017 年末单户授信总额 1000 万元以下（含）小微企业贷款余额占其各项贷款比重超过一定比例的机构，可适度放宽考核要求，确保实现"单户授信总额 1000 万元以下（含）小微企业贷款余额和户数均不低于上年同期水平"。（2）已按《中国银监会关于印发大中型商业银行设立普惠金融事业部实施方案的通知》（银监发〔2017〕25 号）设立普惠金融事业部的银行和以服务小微企业、"三农"、城乡居民为定位的邮储银行，可选择将考核范围扩大为：单户授信总额 1000 万元以下（含）小微企业贷款和普惠型其它组织及个人经营性（非农户）贷款、单户授信总额 500 万元以下（含）的普惠型农户经营性贷款。

（二）地方性法人机构

1. 考核对象：城市商业银行、民营银行、农村商业银行、农村信用社、农村合作银行、村镇银行。

2. 考核指标：各银监局辖内法人机构努力总体实现"单户授信总额1000万元以下（含）小微企业贷款同比增速不低于各项贷款同比增速，有贷款余额的户数不低于上年同期水平"。

3. 差异化考核：在辖内法人机构总体实现考核目标的前提下，银监局可对2017年末单户授信总额1000万以下（含）小微企业贷款余额占其各项贷款比重超过一定比例的法人机构作差异化考核。以支农支小为业务重心、户均贷款余额低的银行，可选择将考核范围扩大为：单户授信总额1000万元以下（含）小微企业贷款和普惠型其它组织及个人经营性（非农户）贷款、单户授信总额500万元以下（含）的普惠型农户经营性贷款。

（三）开发银行及政策性银行

1. 不作指标考核，保持日常监测、通报。主要监测单户授信总额1000万元以下（含）的小微企业贷款余额、户数。

2. 相关要求：支持开发银行及政策性银行践行社会责任，探索以事业部机制开展普惠金融服务。鼓励开发银行及政策性银行结合机构和业务特点，以转贷形式，向银行业金融机构批发资金，专门用于支持小微企业。转贷双方均应建立单独的批发资金账户，实行台账管理，统计贷款投向明细，避免重复计算；加强对资金用途的跟踪监测，确保批发资金全部用于支持小微企业。

（四）外资银行和非银行业金融机构

不作指标考核，保持日常监测、通报。主要监测单户授信1000万元以下（含）的小微企业贷款余额、户数。

三、单列信贷计划，确保信贷投放

各银行业金融机构年初要单列全年监管考核口径下的信贷计

划，经本行主要负责人签字认可后向监管部门报送，执行过程中不得挤占、挪用。

大型银行、股份制银行、邮储银行应于 2018 年 3 月 31 日前向银监会普惠金融部报送全行监管考核口径下的信贷计划以及各一级分行信贷计划。

开发银行和政策性银行应当于 2018 年 3 月 31 日前向银监会普惠金融部报送全年通过转贷形式向银行业金融机构批发资金支持小微企业的计划。

地方性法人机构应向属地监管部门报送全行监管考核口径下的信贷计划。

同时，各银行业金融机构要继续制定、分解、落实全口径小微企业信贷计划，保持对全口径小微企业的信贷支持力度。

四、合理控制小微企业贷款资产质量和综合成本，提升服务水平

各银行业金融机构要在商业可持续前提下，结合小微企业不良贷款容忍度的监管要求，加强对小微企业贷款的风险管理，努力将全口径小微企业贷款不良率控制在不超过自身各项贷款不良率 2 个百分点的水平。

各银行业金融机构要按照收益覆盖风险原则，合理设定小微企业贷款利率。在落实"两禁两限"收费政策的基础上，进一步主动向小微企业减费让利，切实巩固清费减负成果，降低小微企业贷款综合成本。

五、完善机构体系，强化市场定位

大型银行要继续深化普惠金融事业部建设，向基层延伸普惠金融服务机构网点，加快落实"五专"经营机制，参照银行业普惠金融重点领域贷款统计指标体系，制定普惠金融事业部的信贷管理政策，进行资源配置和内部核算，进一步简化业务流程，缩短决策链条。股份制银行要结合自身业务特点，探索设立普惠金融事业部，增设扎根基层、服务小微的社区支行、小微支行。邮储银行要继续坚守服务小微企业的定位，提升基层支行信贷服务能力。

地方性法人银行业金融机构要坚持服务地方经济和小微企业的发展方向，继续下沉经营管理和服务重心，重点向县域和乡镇等地区延伸服务触角。保持农村信用社和农村商业银行县域法人地位总体稳定，规范发展村镇银行等中小金融机构。

专注于线上业务的银行业金融机构要充分运用大数据和信息技术优势，提升小微企业金融服务的效率。

六、优化信贷技术和流程，提升服务效率

各银行业金融机构要加强与互联网、大数据、人工智能的深度融合，丰富获客手段。充分运用手机银行、网上银行等新渠道，加强产品和服务创新。提高对新设小微企业开户的办理效率和服务质量，提升小微企业金融服务便利度和满意度。各银行业金融机构要积极改进信贷流程和信用评价模型，科学设定授信审批条件，在做好风险管控的基础上，进一步压缩小微企业信贷审批时间。鼓励银行业金融机构根据自身风险管理制度和业务流程，探索建立贷款全流程限时制度，按业务类别对小微企业贷款办理时限作出明确承诺，精简耗时环节。

七、加大续贷支持力度，改进贷款支付方式

各银行业金融机构要加大续贷政策落实力度，在守住风险底线的基础上，加强续贷产品的开发和推广，简化续贷办理流程，支持正常经营的小微企业融资周转"无缝衔接"。鼓励银行业金融机构改进小微企业贷款期限管理，研发适合小微企业的中长期贷款产品。

各银行业金融机构在风险可控的前提下，可对单户授信总额1000万元以下（含）的小微企业流动资金贷款（不含个体工商户和小微企业主贷款）采取自主支付方式。对自主支付的贷款，银行业金融机构须经过合理的审核流程，充分发挥相关岗位的制衡作用，加强贷后管理和检查。

八、落实尽职免责制度，用好用足各项扶持政策

各商业银行要继续完善具备可操作性、符合小微企业授信特点的内部尽职免责制度办法，加强对分支机构的宣讲传导，重点督促基层网点和一线业务人员落实尽职免责规定。加强对尽职免责调查、评议、认定等相关工作的文档管理，将尽职免责落实情况列为商业银行小微企业金融服务监管评估的重要参考因素。

各银行业金融机构要主动传导落实小微企业金融服务各项扶持政策，重点用好、用足单户授信总额500万元以下（含）的定向降准政策和单户授信总额100万元以下（含）的贷款利息免征增值税政策。特别是地方性法人机构，要继续下沉服务重心，优先满足单户授信总额500万元以下（含）的小微企业信贷需求。进一步强化内部绩效考核倾斜，对小微企业业务设立专门的考核指标，提高小微企业业务在全部业务中的考核权重。

各银行业金融机构可在依法合规、风险可控的前提下，通过信贷资产证券化、信贷资产转让和收益权转让等试点业务盘活小微企业信贷资源，进一步拓宽小微企业不良资产处置渠道。对近年完成考核指标良好、小微企业贷款基数大、占比高、户均余额低的银行业金融机构，在考核"两增"目标时，可将其通过信贷资产证券化、信贷资产转让和收益权转让试点、核销等方式盘活、处置的小微企业存量贷款进行还原计算。

九、强化监管督导，做好日常监测分析

继续坚持以法人银行业金融机构为主体、银监会和银监局上下联动的监管督导和考核方式。强化分类督导，对完成考核指标良好，小微企业贷款基数大、占比高、户均余额低的银行业金融机构，加强正面宣传和正向激励；对未能完成考核指标且差距较大的银行业金融机构，以系统内通报、下发监管提示函、约谈高管、现场检查、调整监管评级等形式，督促其加大工作力度。

各银监局负责督导辖内法人银行业金融机构单列监管考核口径下的信贷计划，审核汇总后于 2018 年 4 月 15 日前报送银监会普惠金融部。同时督促辖内大中型银行一级分行按月向属地银监局报送监管考核口径下信贷计划执行进度，并按季实施考核。各银监局要继续按月统计、监测辖内全口径小微企业贷款的增速、户数和申贷获得率的数据，以保持辖内全口径小微企业信贷投放的延续性。为提高银行业小微企业金融服务社会效益，各银监局要按季收集监测辖内全口径小微企业贷款覆盖率、小微企业贷款满足度、通过银行信贷促进小微企业吸纳就业和创造经济价值等方面的信息。

十、主动开展信息披露，加强外部联动与经验推广

自 2018 年起，各银行业金融机构应在年度报告中主动披露本行小微企业金融服务情况，包括机构网点建设、信贷投放、客户数量、贷款平均利率水平等基本信息，作为践行社会责任的重要内容，接受社会公众监督。

各级监管部门要继续深化和推广"银税互动"和"银商合作"，引导银行业金融机构加强与相关政府部门的信用信息共享。进一步加强与有关部门和地方政府在信息平台建设、动产质押融资、失信惩戒、贷款风险分担和损失补偿等方面的合作。系统总结银行业小微企业金融服务方面的好经验、好做法，梳理各地方政府在建立风险分担机制、降低第三方收取的融资附加成本、建设信用信息共享平台等方面的良好实践，因地制宜加以复制推广。

2018 年 2 月 11 日

后　记

　　本书是在"中国信贷资产流转市场发展研究"课题研究成果的基础上修改完成的。该课题由银行业信贷资产登记流转中心担任牵头单位，国际信贷资产流转市场的金融基础设施服务机构 IHS Markit 公司担任副牵头单位，汇集了来自国内多家银行机构的业内专家共同参与研究。

　　在研究过程中，来自银保监会与国务院发展研究中心的领导与专家提出了大量富有建设性和针对性的建议。在本书付梓之际，我们对各位专家表示衷心的感谢。

　　为做好课题研究，我们先后调研了美国、欧洲、亚太地区的信贷资产流转市场，拜访了国际上主要的贷款基础设施服务机构及行业自律组织：IHS Markit 公司、欧洲贷款市场协会（LMA）、欧洲清算所（Euro Clear）、汤森路透贷款定价公司（LPC）、亚太贷款市场协会（APLMA）、日本银团贷款与债权市场协会（JS-LA）、全日电子债权登记网，同时调研了一些境外金融机构，包括法国巴黎银行、华侨银行、巴克莱银行、瑞穗银行。美国结构性融资行业组织（SFIG）、First Financial 公司等国际机构也多次参与课题研讨。通过上述出访与调研，我们拓宽了研究的国际视野，获得了国际贷款市场的第一手资料。在此衷心感谢上述机构对课题研究的帮助和支持，并特别感谢 IHS Markit 总裁及联合创始人 Kevin Gould、IHS Markit 公司中国区金融市场业务原总监李淼女士、IHS Markit 公司中国区金融市场业务总监周波女士、IHS Markit 公司中国区客户关系管理总监薛斯奇先生。

我们还得到了业内金融机构有关专家的支持。他们对本书的完善作出了重要贡献。这些专家包括王博、张宏元、回天雅（建设银行）；胡之波、王伟（江苏银行）；李君、张权威（民生银行）；陈芳、张祥（南京银行）；罗苓宁、虞欣（平安银行）；杨静、袁晨、甄光明（浦发银行）；陈许阳、殷晓俊（兴业银行）；陈泽宇、刘兆莹（农业银行）。

中国信贷资产流转市场发展研究课题组

2019 年 5 月 1 日